다시 성장
: 신사업 실무 바이블

※ 일러두기

1. 이 전자책은 뷰어 앱의 설정 메뉴에서 '원본' 보기로 조절하시면, 편집디자인의 의도대로 최적화돼 편하게 보실 수 있습니다.
2. 브랜드, 제품, 기능명 등 외국어 표기는 '국립국어원'의 외래어표기법을 따르되 관용적인 표기와 동떨어진 경우는 널리 쓰이는 표기를 따랐습니다.
3. 상호, 제품명 등에 우리말 표기와 원어 표기가 같이 필요할 때는 최초 1회만 소괄호를 사용했습니다.
4. 출처는 『』로, 상호는 「」 제품명과 기능명칭은 ' '로 영화나 TV쇼 제목은 〈 〉로 표시했습니다.
5. 출처 표기법은 MLA(Modern Language Association) 버전 8을 따르고 있습니다.

다시 성장: 신사업 실무 바이블

○○○Labs 지음

초판 1쇄 발행일 2025년 10월 20일

펴낸이 이숙진 펴낸곳 (주)크레용하우스 출판등록 제1998-000024호
주소 서울 광진구 천호대로 709-9 전화 (02)3436-1711 팩스 (02)3436-1410
인스타그램 @bizn_books 이메일 crayon@crayonhouse.co.kr

＊빛은책들은 재미와 가치가 공존하는 ㈜크레용하우스의 도서 브랜드입니다.

ISBN 979-11-7121-206-4 04320

RE-Growth

다시 성장
: 신사업 실무 바이블

○○○Labs 지음

빚은
책들

차 례

서문　　　　　　　　6

1 신사업 개념과 종류

1.1　신사업 정의　　　　　　　　11
1.2　신사업 목표　　　　　　　　16
1.3　신사업의 시작점　　　　　　19
1.4　신사업 추진 전 고려 사항　　24

2 신사업 전략

2.1　기업 가치와 신사업　　　　　33
2.2　사업 포트폴리오와 신사업　　36
2.3　신사업 전략 수립　　　　　　41
2.4　신사업 전략 실행　　　　　　61

3 신사업 추진을 위한 준비

3.1　시장 분석　　　　　　　　　85
3.2　고객 이해　　　　　　　　　92
3.3　신사업 역량 준비　　　　　　96

4 신사업 실행

4.1　신사업 구체화　　　　　　　105

| 4.2 | 신사업 시장 검증 | 118 |
| 4.3 | 신사업 사업화 승인 | 123 |

5 신사업 성과 관리 및 투자 전략

5.1	성과 측정 지표	129
5.2	데이터 기반의 성과 관리	131
5.3	단계별 투자 전략	136

6 신사업 실패 사례 분석

6.1	시장 수요 부족과 일시적인 유행	143
6.2	시장 및 고객 요구에 대한 이해 부족	146
6.3	기술 한계 및 경쟁력 부족	149
6.4	무리한 투자	152
6.5	경영진의 도덕적 해이	155

부록

1.	신사업 점검 프로세스	160
2.	신사업 사업계획서 AI 활용 프롬프트	163
3.	고객 문제 해결 아이디어 발굴 방법	169
4.	디자인 씽킹	172
5.	아마존 워킹 백워드	175
6.	3C 분석과 4P 분석	179
7.	사업화 승인을 준비하기 위한 Check List	182
8.	성과 관리를 위한 사업 밸류 체인별 과정 지표	185
9.	신사업 사례연구, 비즈니스 프레임워크 목록	194

주   199

서문

이 책은 대학 졸업 후 처음 사회생활을 시작하는 신입사원, 새로운 사업 아이템을 찾는 실무자, 그리고 창업을 준비하는 분들을 위해 썼습니다. 딱딱한 이론보다 실제 사례와 신사업을 직접 진행했던 제 경험을 토대로, 신사업 기획 및 실행 담당자들에게 실질적 도움이 되었으면 합니다. 또한, 스타트업 창업자나 벤처기업 관계자들에게도 기업의 성장과 지속 가능성을 전망할 유용한 시각을 제시해 줄 것입니다.

오늘날 기업의 생존과 성장은 신사업 추진에 좌우된다고 해도 과언이 아닙니다. 전통적 산업의 성장이 둔화하고, 기술 혁신이 가속화되면서 기업들은 기존 사업만으로는 지속적인 성과를 기대하기 어려운 상황에 직면하고 있습니다. 하지만 현장에서 신사업을 추진하는 과정은 쉽지 않습니다. 저는 대기업에서 신사업을 다년간 기획하고 실행하며 이론과 현실의 괴리를 체감했습니다. 이 책에 신사업을 추진하는 실전 노하우와 전략적 접근법을 정리함으로써 신사업을 고려하는 분들에게 실질적인 가이드라인을 제공하고자 합니다.

이 책은 신사업의 본질과 추진 전략, 실행 방법을 다루며, 다양한 비즈니스 프레임워크와 실제 사례를 제공하고, 신사업 기획에서 실행까지의 프로세스를 자세히 다룹니다. 신사업의 개념 정의부터 시장 분석, 전략 수립, 실행 및 성과 관리까지 단계별로 접근하며, 실패 사례까지 포함해 실무적인 통찰을 제공합니다. 또한, 기업의 규모와 특성에 따라 신사업 접근 방식이 어떻게 달라지는지를 소개하고, 각 상황에서 적용할 수 있는 맞춤형 전략을 제시합니다.

이 책을 읽음으로써 신사업 추진에 필요한 핵심 원칙과 실무적 도구를 효율적으로 익힐 수 있습니다. 단순한 이론 소개가 아니라 실전에서 적용할 수 있는 전략과 사례를 중심으로 구성해 놓았기에 책을 읽은 후 곧바로 업무에 활용할 수 있습니다. 또한, 신사업 추진 과정에서 흔히 발생하는 시행착오를 줄이고 성공 확률을 높이는 데 필요한 체크리스트와 비즈니스 프레임워크를 제공해 실질적인 가이드 역할을 합니다.

기존의 신사업 관련 서적은 주로 창업 중심이거나 거시적 경영 전략에 집중된 경우가 많지만, 이 책은 기업에서 실제 신사업을 기획하고 추진하는 실무자 관점에서 작성했습니다. 신사업 추진에 필요한 프로세스와 의사 결정 구조, 시장 분석 방법론, 전략적 투자 관점 등을 구체적으로 다루며, 다양한 산업군에서 적용할 수 있는 실전 사례를 수록하고 있습니다. 특히 실행 역량이 풍부한 대기업의 신사업 추진 방식과 사업 역량이 제한돼 있는 스타트업의 접근법을 비교하면서 다양한 사업 밸류 체인에 맞는 최적의 전략을 제시하는 점이 차별화 요소입니다.

이 책은 총 6개의 장으로 구성돼 있으며, 신사업의 개념과 전략부터 실행 및 실패 사례 분석까지 단계적으로 정리했습니다. 1장에서는 신사업의 정의와 목표를, 2장에서는 신사업 전략과 실행 방안을 다룹니다. 3~4장에서는 시장 조사, 고객 이해, 역량 준비 등 신사업 추진에 필요한 사전 작업과 실행 방법을 설명하며, 5장에서는 성과 측정 및 투자 전략을 살펴봅니다. 마지막 6장에서는 신사업 실패 사례를 분석해 실무자가 반드시 유의해야 할 포인트를 짚었습니다. 각 장을 순차적으로 읽으며 신사업의 전반적인 흐름을 익힐 수도 있고, 특정 장을 골라 필요한 내용을 빠르게 참고할 수도 있습니다.

이 책이 신사업을 고민하는 모든 실무자에게 명확한 방향을 제시하고 실질적인 도움을 줄 수 있기를 바랍니다.

2025년 9월
OOOlabs

1
신사업 개념과 종류

오늘날, 거대한 기업이 한순간에 무너지거나, 작은 스타트업이 빠르게 '유니콘 기업'으로 성장하는 이야기는 더 이상 낯설지 않습니다. "급변하는 시장 환경 속에서, 기업이 장기적으로 생존하고 성장하려면 어떤 전략을 마련해야 할까?"라는 질문은 이제 모든 기업이 고민해야 할 핵심 과제가 됐습니다. 바로 이 지점에서 기업 규모와 업종을 막론하고, '신사업'이라는 개념이 새롭게 조명받고 있습니다.

이 글은 새로운 제품부터 전혀 다른 사업 영역에서 새로운 사업 모델로의 진입까지 폭넓은 의미로 이해되는 '신사업'의 정의와 그 중요성을 살펴보며, 벤처기업부터 중소/중견/대기업에 이르기까지 각 기업이 어떤 전략과 시각으로 신사업에 접근하고 있는지 구체적으로 다루고 있습니다.

대담한 투자와 속도전으로 빠르게 시장에 안착하려는 벤처기업, 그리고 기존 사업 포트폴리오를 안정적으로 확장하면서도 새로운 기회를 모색하는 중견/대기업의 사례를 비교해 보면, 왜 신사업이 기업의 생존을 가르는 핵심 요인이 됐는지 분명히 알 수 있을 것입니다.

영원할 것 같았던 초대형 기업인 「제너럴 일렉트릭(GE)」의 분할 소식이나 '포천 500'에 이름을 올렸던 기업들의 대거 탈락 사례는 더 이상 과거의 성공 방정식만으로는 지속 가능한 성장을 장담할 수 없음을 여실히 보여줍니다. 반면, 혁신적인 기술과 아이디어로 폭발적 성장을 노리는 벤처기업과 스타트업은 기민한 실행력으로 새로운 시장을 개척해 나갑니다.

그렇다면 과연 "기업들은 어떤 방식으로 신사업을 추진해야 하며, 최적의 성공 전략은 무엇일까요?"

이 글에서는 신사업의 의미와 추진 방식, 그리고 기업 규모별 특성을 단계적으로 살펴보며, 기업이 변화에 대응하고 지속적인 성장을 이끌어갈 수 있는 구체적인 전략을 제시합니다. 이를 통해 독자들은 급변하는 시대 속에서도 경쟁력을 유지하고 새로운 기회를 창출하는 데 필요한 실질적인 통찰을 얻을 수 있을 것입니다.

1.1 신사업 정의

'신사업(新事業, New Business)'은 문자 그대로 '새로운 사업'을 말합니다. 좁은 범위에서는 '새로운 제품(New Product)'을 출시하는 것을 의미합니다. 기존 스마트폰 제조업체가 새로운 기능이 추가된 모델을 내놓는 경우 등이 이에 해당합니다.

반면, 넓은 범위에서는 '새로운 사업 모델(New Business Model)'까지 포함하는데, 전통적인 자동차 제조업체가 차량 공유 서비스로 사업을 확장하는 예를 들 수 있습니다. 이처럼 신사업은 기업이 처한 환경과 목표에 따라 다양한 방식으로 해석될 수 있습니다.

수많은 경영학 서적과 경영 컨설팅 업체 등에서 '신사업'의 정의를 제시해 왔지만, 제가 소개하고 싶은 정의는 다음과 같습니다.

『하버드 비즈니스 리뷰(HBR)[1]』에 따르면, "사업 모델을 새로 만드는 것은 새로운 이야기를 쓰는 것과 매우 유사"합니다. 새로 나오는 모든 이야기가 기존 이야기를 변주하는 것과 마찬가지로, 새로운 사업 모델 역시 기존 사업의 밸류 체인을 변형해 '무언가를 만드는 데 관련된 모든 활동' 또는 '무언가를 판매하는 데 관련된 모든 활동' 전반에서의 혁신을 의미할 수 있습니다.

예를 들어, 기존 오프라인 유통 중심의 의류 브랜드가 온라인 맞춤형 구독 서비스로 전환하거나, 전통적인 은행이 모바일 금융 플랫폼을 만들어 비대면 대출과 핀테크 서비스를 제공하는 경우가 이에 해당합니다. 이러한 변화는 기업이 제공하는 가치와 고객과의 접점을 새롭게 정의하는 과정이라 할 수 있습니다.

　기업이 신사업을 추진하는 가장 근본적인 이유는 급변하는 시장과 경쟁 환경에서 '지속 가능한 성장'을 도모하기 위함입니다. 오랫동안 안정적으로 보이던 사업조차 환경이 변하면 언제든 흔들릴 수 있기 때문에, 미래를 대비한 새로운 성장 동력 확보가 필수 불가결해졌습니다.

　가장 대표적인 사례로, 2024년 4월 미국 제조업의 대표 주자였던 「제너럴 일렉트릭(General Electric, GE)」이 창립 132년 만에 3개 자회사로 분리된 일을 들 수 있습니다. '세기의 경영자'로 꼽힌 '잭 웰치(Jack Welch)'가 20년간 GE를 이끌어 미국 기업 중 시가총액 1위까지 오르고, 제조업에서 금융업으로 성공적 변신을 시도하는 듯했으나 2008년 금융 위기의 직격탄을 맞으며 단기 성과 중심의 경영 방침이 결국 큰 위기를 불러온 대표적인 사례가 됐습니다.[2]

　두 번째는 미국의 경제 전문지 「포천(Fortune)」이 1955년부터 선정해 온 '포천 500(Fortune 500)' 기업 리스트에서 확인할 수 있습니다. 1955년부터 2024년까지 약 70년 동안 '포천 500'에 꾸준히 이름을 올린 기업은 약 9.8%에 해당하는 49개뿐이며, 1955년부터 1995년까지 40년 동안 유지한 기업도 23%에 해당하는 116개뿐입니다.[3]

　마지막으로, 미국 증권거래소에 상장된 500개 대형 기업의 주가를 추적하는 'S&P 500' 지수를 보면, 1965년에는 지수에 포함된 기업의 평균 존속 기간은 약 30년이었으나, 2020년에는 약 21년으로 줄었으며, 향후에도 지속적으로 단축될 것으로 전망됩니다.[4]

　이처럼 현시점에서는 안정적인 기업이라도 지속 가능한 운영에는 '신사업'이 핵심 전략으로 자리 잡고 있습니다. 다만 기업의 규모와 종류에 따라 신사업을 바라보는 시각과 추진 방식은 다를 수 있습니다.

　우리나라에서 영리를 추구하는 기업은 공기업을 제외하면 '공정거래법', '중견기업 특별법', '중소기업 기본법' 등의 관련 법령이 정한 자산 총액과 상호출자 제한 여부 기준에 따라 '대기업', '중견기업', '중소기업'으로 구분됩니다.

　그러나 시장 환경이 급변함에 따라 기업 규모와 관계없이 '혁신'과 '성장 동력 확보'가 더욱 강조되고 있습니다. 이러한 맥락에서 주목받는 개념이 바로 '신사업'이며, 기업들은 신사업으로 기존 시장에서의 한계를 극복하고 새로운 수익 창출 모델을 모색하고자 합니다. 특히 '벤처기업'과 '스타트업'은 오늘날 신사업을 논의할 때 중요한 역할을 하고 있습니다.

벤처기업은 우리나라에서는 '중소기업 기본법' 등에서 정의하는 중소기업 범주 안에 포함되지만, 기술 혁신성과 사업성을 전문 기관에서 인정받아 별도 인증을 획득했는지에 따라 구분됩니다. 국내에서 '벤처기업'은 주로 '벤처기업협회' 등의 평가를 통해 기술 혁신성과 사업 성장 가능성을 공인받은 기업을 가리킵니다. 한편, '스타트업'은 창업 초기 단계의 기업 전반을 일컫는 개념으로, 별도의 법적/제도적 인증 여부와 무관하게 설립한 지 얼마 지나지 않은 기업을 의미합니다. 두 용어 모두 '새로운 아이디어와 혁신적인 기술을 기반으로 성장하려는 신생 기업'을 지칭한다는 공통점이 있어 최근에는 벤처기업과 스타트업이라는 용어가 유사하게 쓰이는 경우가 많습니다.

벤처기업과 스타트업은 혁신과 미래 성장을 노리는 기업이라는 점에서 시장의 기대와 관심을 한 몸에 받습니다.

벤처기업과 스타트업은 일반적으로 외부에서 투자를 유치해 빠른 속도로 규모를 확대하고 시장 정착을 추진합니다. 이들은 창업 초기부터 기존 시장에서 해결하지 못한 문제를 정의하고, 기술이나 사업 모델을 혁신함으로써 차별화된 고객 가치를 제공하는 데 집중합니다.

이들 기업 입장에서 투자 유치는 연구개발(R&D)과 서비스 출시 속도를 높여주고, 시장 검증을 거쳐 단기간 내 기업 가치를 높이는 데 중요한 역할을 합니다. 이들은 흔히 '유니콘(기업 가치 1조 원 이상의 비상장 기업)'으로 빠르게 성장하는 것을 궁극적인 목표로 삼지만, 일부 스타트업은 특정 틈새 시장을 공략하거나 지속 가능한 성장을 추구하는 전략을 선택하기도 합니다.

사업 아이디어가 구체화되는 단계마다 기업 가치를 평가받으면서 여러 차례 투자를 받고, 확보한 자금으로 사업 역량을 보강하고 사업 확장을 가속화합니다. 이러한 방식으로 운영되는 벤처기업과 스타트업은 초기에는 매출과 영업이익 창출보다는 기술 및 서비스 완성도 향상과 시장 선점에 주력하며, 이를 통해 외형 성장을 달성한 뒤 상장(IPO) 또는 대기업과 협업·인수합병(M&A)함으로써 투자자의 수익을 실현하려 합니다.

반면, 이미 사업을 운영하는 중소기업·중견기업·대기업은 신사업을 바라보는 관점과 추진 방식에서 차이가 있습니다. 이들은 주력 사업이 성장 정체나 수익성 하락 단계에 진입하기 전에 신사업으로 새로운 성장 동력을 확보하려고 합니다.

그러나 상장이나 외부 자본 유입 없이 내부에서 창출되는 이익만으로 신사업을 진행해야 하는 경우도 많아 투자 여력과 위험 감수 수준이 제한적입니다. 또한 무리한 신사업 투자가 기존 사업의 재무 건전성을 훼손할 수 있으므로, 투자 우선순위와 실행 전략을 신중히 수립하는 편입니다.

예컨대, 신사업 부서나 새로운 법인을 세우더라도 기존 사업과의 시너지를 고려해 단계적으로 통합하거나, 시장 검증 절차를 몇 단계에 걸쳐 진행하는 등 신중하게 추진합니다. 이는 벤처기업이나 스타트업과 비교했을 때 진행 속도가 상대적으로 느린 장기적인 접근 방식이지만, 이미 구축된 고객 기반과 브랜드 파워, 그리고 안정적인 현금흐름을 활용할 수 있다는 장점이 있습니다.

결국, 벤처기업과 스타트업은 외부 투자와 기술 혁신을 통해 빠른 성장을 지향하는 반면, 기존 기업은 장기적 안정성과 기존 사업과의 시너지에 더 무게를 두고 신사업을 추진한다는 차이가 있습니다. 이는 각 기업이 처한 시장 환경, 자본 구조, 경영진의 목표 설정 방식 등에 따라서도 달라집니다. 특히 벤처기업이나 스타트업은 대담한 혁신과 위험 감수를 기반으로 '스케일업(Scale-up)'을 이루고, 그 과정을 통해 기업 가치와 잠재력을 극대화합니다. 반면 기존 기업은 과도한 투자로 기존 사업까지 위험해지는 상황을 피하려고 점진적 성장 전략을 택합니다.

이처럼 서로 다른 경영 전략과 기업 문화가 존재하지만, 궁극적으로 모두 새로운 시장 기회를 발굴하고 지속 가능한 성장 모델을 마련하고자 신사업을 준비합니다.

CHECK LIST

1. 신사업은 새로운 제품 출시부터 사업 모델 혁신까지 포괄하며, 기업의 환경과 목표에 따라 다양한 방식으로 정의됩니다.
2. 급변하는 시장 환경에서 기업은 지속 가능한 성장을 위해 신사업을 필수 전략으로 추진하며, 이는 미래 성장 동력 확보와 위험에 대비하는 측면에서 핵심적인 역할을 합니다.
3. 스타트업과 벤처기업은 외부 투자와 기술 혁신으로 신속히 확장하려는 반면, 기존 기업은 안정성과 시너지를 고려한 점진적 접근 방식을 취합니다.

1.2 신사업 목표

신사업은 기업이 기존 사업 영역을 확장하거나 새로운 시장에 진출하는 전략적 활동을 의미합니다. 대기업의 관점에서 신사업의 의미를 좀 더 구체적으로 살펴보겠습니다. 국내에서는 「공정거래위원회」가 자산 규모와 출자 제한 여부 등에 따라 매년 대기업을 공식 지정합니다. 예를 들어, 2024년에는 국내총생산(GDP)의 0.5% 이상인 10.4조 원 이상의 자산을 보유한 48개 기업 집단(소속 회사 2,213개)을 '상호출자제한 기업 집단'으로 지정했는데, 이들이 곧 국내에서의 대기업입니다.[5]

대기업들이 신사업을 추진하는 첫 번째 이유는 기업의 지속 가능성을 확보하고, 장기적인 성장을 도모하기 위함입니다. 이를 위해 사업 포트폴리오를 다변화해 새로운 성장 동력을 발굴하고, 궁극적으로 안정적인 매출과 수익을 창출하는 것이 핵심 목표입니다. 좀 더 구체적으로 예를 들면, 연 매출이 10조 원 이상인 기업이라면 대체로 3년 이내에 전체 매출의 3% 이상을 달성할 수 있는 사업 기회가 신사업 후보로 검토될 가능성이 높습니다.

두 번째 이유는 급변하는 시장 환경에서 메가트렌드를 선점하고 대응하기 위해서입니다. 예를 들어, 최근 국내 대기업들이 공통적으로 관심을 가지는 대표적인 영역은 AI, 빅데이터, IoT, 클라우드 등을 포함하는 '디지털 대전환(Digital Transformation)', 석유 시대 이후를 대비하는 '전기, 수소 등 친환경 에너지와 전동화 분야', 그리고 고령화 사회를 대비한 '바이오/헬스' 분야 등입니다.

　추진 방법 측면에서 국내 대기업들은 전문 기술을 보유한 스타트업과의 오픈 이노베이션, 인수·합병(M&A), 지분 투자 등 대규모 자원을 투입해 단기간에 가시적인 성과를 창출하는 방식을 상대적으로 선호합니다. 오픈 이노베이션은 스타트업 및 외부 기업과 협력해 혁신적인 아이디어와 기술을 확보하는 방식입니다. 비교적 적은 리소스로 새로운 시장 기회를 탐색할 때 효과적입니다. 반면, M&A는 기술과 시장 점유율(Market Share)을 신속하게 확보할 수 있는 강력한 수단으로, 기업이 빠르게 성장할 필요가 있거나 경쟁력을 강화하려는 경우에 많이 활용됩니다. 지분 투자는 특정 기업의 성장 가능성을 보고 전략적으로 투자하는 방식으로, 비교적 장기적인 관점에서 신사업 기회를 모색할 때 선호합니다.

　이는 대기업이 이미 축적해 둔 자본력과 인프라를 활용해 신사업을 빠르게 전개하고, 동시에 시장 주도권을 선점하려는 전략으로 해석할 수 있습니다.

　신사업은 오늘날 '기업 생존'이라는 절박한 화두를 풀어낼 가장 중요한 요소입니다. 한때 굳건해 보이던 거대 기업들도 시장 환경의 급격한 변화 앞에서는 쉽게 무너질 수 있음을 우리는 여러 사례에서 배웠습니다. 혁신적 아이디어와 실행력을 무기로 급성장한 벤처기업·스타트업은 기존 산업 판도를 뒤집기도 하며, 변화 속에서 누구보다 더 빨리 기회를 잡아내는 것이 곧 미래 생존의 핵심 전략임을 증명해 냈습니다.

　결국 어떠한 기업이든 '신사업'을 추진하지 않고서는 지속 가능한 성장을 기대하기 힘든 것이 현실입니다. 벤처·스타트업은 속도와 혁신을 중시하고 중소/중견/대기업은 점진적 안정과 기존 자원을 활용한 시너지를 통해 신사업을 추진하지만 궁극적인 목표는 모두 같다는 점이 중요합니다. 바로 새로운 고객 가치를 창출하고 미래 수익 모델을 확보함으로써 시장 변화 속에서 흔들리지 않는 기업 경쟁력을 구축하는 것입니다.

　끊임없이 등장하는 기술 혁신과 예측 불가능한 시장 흐름 속에서 각 기업에 맞는 신사업을 추진할 체계를 갖추고 적절한 리스크 감수 전략을 마련한 기업만이 경쟁력을 유지할 수 있습니다. "과거의 성공을 어떻게 넘어설 것인가?" 이 질문에 대한 해답은 결국 누가 더 용기 있게 신사업의 문을 열고, 혁신을 끊임없이 시도하느냐에 달려 있습니다.

지금, 이 순간에도 '새로운 혁신 사례'를 만들어 시대를 이끌어갈 기업이 탄생하고 있을지 모릅니다. 그리고 그 새로운 이야기를 누가 먼저, 얼마나 과감하게 시작하느냐에 따라 미래의 시장 판도가 바뀌게 될 것입니다.

1.3
신사업의 시작점

주변에서 기업을 운영하거나 새로 창업을 준비하는 분들에게 "신사업을 해야 하는데 어디부터 시작해야 할지 잘 모르겠다"라는 이야기를 자주 듣습니다. 이런 경우 스타트업을 시작하는 분들에게는 먼저 기업이 해결할 고객 문제를 명확히 정의하는 것이 중요하다고 제안합니다. 하지만 이미 다른 사업을 운영하면서 신규 성장 동력으로 신사업을 준비하는 분들에게는 현재 사업을 기준으로 신사업을 어떻게 확장할지 미리 점검해 보라고 제안합니다.

벤처기업을 목표로 새로 시작하는 스타트업이라면 현재 운영 중인 사업이 없기 때문에, 어떤 고객 문제를 해결할지 먼저 정의하고 이를 해결하는, '차별화된 고객 가치'를 계획해야 합니다. 이후, 실행할 수 있는 전략을 수립하고 이를 실제 시장에서 적용한 후, 성과를 분석해 개선하는 과정을 반복해야 합니다.

반면, 현재 사업을 운영 중인 기업이 신사업을 준비할 때는, 기존 사업 역량을 최대한 활용함으로써 투자 부담을 줄이면서도 신사업을 효율적으로 추진할 수 있습니다. 따라서 현재 사업 역량을 냉철하게 분석하고 이를 기반으로 사업을 확장할 필요가 있습니다.

현재 운영 중인 사업의 제품과 서비스, 그리고 시장을 기준으로 신사업의 확장 영역을 점검해 보는 비즈니스 프레임워크로는 전통적인 '앤소프 매트릭스(Ansoff Matrix)'가 있습니다. '이고르 앤소프(Igor Ansoff)'가 1957년에 발표한 『앤소프 매트릭스』에 따르면, 기업이 지속적으로 성장하려면 어떤 제품과 시장 전략을 선택해야 하는지를 체계적으로 분석하는 방법으로서, 가로축을 기존 제품과 신제품으로, 세로축을 기존 시장과 신시장으로 구분한 2×2 매트릭스 형태로 네 가지 성장 전략을 정의하고 있습니다.[6]

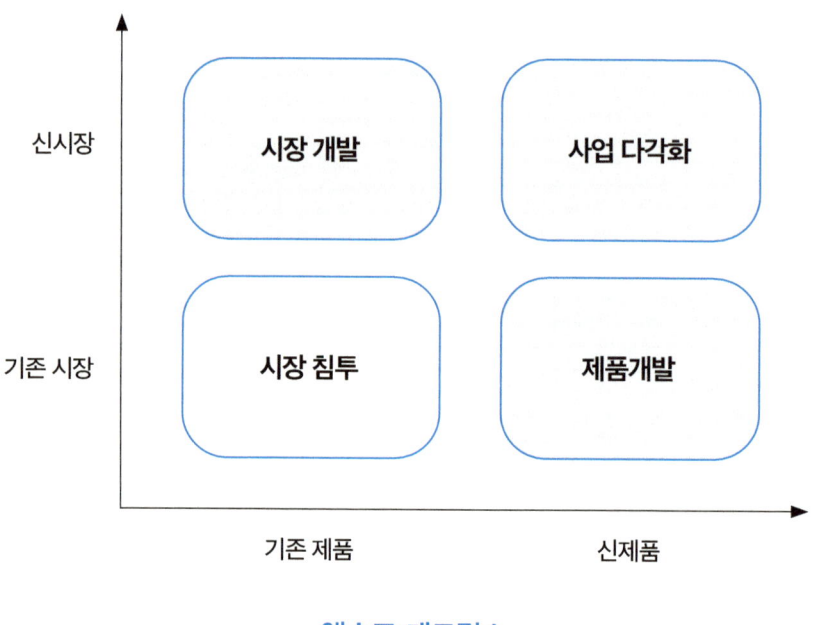

앤소프 매트릭스

이렇게 시장과 제품을 조합하면 기업은 자사의 성장 목표와 감수할 수 있는 리스크 수준에 맞는 전략을 선택할 수 있습니다. '앤소프 매트릭스'는 조직이 자원을 어디에 투자하고 어떤 방향으로 성장할지를 체계적으로 검토하도록 돕는 의사 결정 지원 도구로서 널리 활용돼 왔습니다.

특히 치열한 경쟁 환경에서 빠르게 변화하는 시장 요구에 대응할 기업의 중장기 방향을 설정하고 시장 접근 방안을 구체화하려 할 때 효과적입니다. 또한, 신사업을 추진하며 시장 환경 분석과 사업 및 제품의 포트폴리오 구성을 함께 고려해야 하는 복합적인 상황에서 효율적이며 핵심 요소를 쉽게 파악할 수 있는 비즈니스 프레임워크입니다.

'앤소프 매트릭스'는 2×2 매트릭스의 영역별로 아래와 같이 추진 전략을 제시합니다.

1. 시장 침투(Market Penetration)

현재 시장에서 제품을 더 많이 판매하려는 전략으로, 시장 점유율을 높이거나 사용 빈도를 늘리는 활동이 포함됩니다. 예를 들어 기존 소비자를 대상으로 프로모션을 실시하거나, 할인 행사 등 판촉을 강화해 현재 제품의 인지도를 끌어올리는 방식이 이에 해당합니다. 충성 고객을 확보하고자 멤버십 프로그램을 제공하거나, 고객 맞춤형 마케팅 캠페인을 전개하는 것도 시장 침투의 대표적인 사례입니다.

2. 시장 개발(Market Development)

이 전략은 현재 제품을 신규 시장에 진출시켜 새로운 매출 채널을 확보하는 접근 방식입니다. 예컨대 국내에서 검증된 제품을 해외 시장에 출시하거나, 지역 특색에 맞춰 포장 또는 마케팅 메시지를 현지화하는 사례가 이에 해당합니다. 문화적 차이를 고려한 현지화 전략은 시장 개발의 핵심 요소 중 하나입니다.

3. 제품 개발(Product Development)

현재 시장에서 신규 제품을 선보여 고객의 다양한 요구를 충족시키는 전략입니다. 같은 시장을 공략하기 때문에 기존 유통망을 활용할 수 있어 가장 많이 쓰이는 전략입니다. 대표적으로, 기존에 음료만 판매하던 기업이 스낵류 신제품을 출시해 추가적인 수요를 창출하는 방식 등이 있습니다.

4. 다각화(Diversification)

신규 제품이나 서비스를 개발하는 전략으로, 리스크가 가장 높지만 잠재적으로 큰 보상이 있는 성장 방식입니다. 사업 영역을 전혀 다른 분야로 확장함으로써 기존 사업에 대한 의존도를 낮추고, 새로운 수익원을 확보하고자 할 때 주로 선택됩니다. 예를 들어 자동차 회사가 로봇 사업에 투자하거나, 통신 기업이 호텔 분야로 진출하는 경우가 대표적인 다각화 사례입니다.

하지만 '앤소프 매트릭스'는 시장의 크기, 성장성, 경쟁 강도 등을 종합적으로 포함하지 않으므로, 실제 현장에서 적용하려면 목표 시장을 철저히 조사하고 경쟁 환경을 분석해야 합니다.

'시장 침투' 전략을 계획한다면, 경쟁사와 비교한 자사의 '시장 점유율', '소비자 인지도', '가격 경쟁력' 등을 면밀히 파악해야 합니다. 이를 토대로 부족한 부분을 보완하고 차별화된 브랜딩 전략이나 지속적인 판촉 활동으로 시장 내 경쟁 우위를 공고히 할 수 있습니다.

'시장 개발' 전략은 신규 시장의 '문화적 특성', '규제 환경', '물류 인프라' 등을 면밀히 분석하는 게 우선입니다. 특히 현지 고객들의 언어와 문화를 반영해 브랜드 이미지를 구축하고 인지도를 높이는 전략을 마련해야 합니다. 경쟁이 치열한 시장에서는 현지 파트너와 제휴하거나 합작 투자(Joint Venture)로 리스크를 분산하고 안정적으로 정착하는 방안을 고려할 수 있습니다.

'제품 개발' 전략을 실행할 때는 소비자 트렌드 분석과 기술 역량 확보가 핵심 과제입니다. 빠르게 변화하는 시장에서 기존 고객층의 취향과 요구를 정확히 파악하고, 이를 바탕으로 혁신적인 상품을 개발해야 합니다. 또한 R&D 투자 확대, 오픈 이노베이션으로 기술적 경쟁력을 강화하고, 경쟁사 대비 우위를 점할 수 있도록 철저히 준비해야 합니다. 이와 동시에 개발된 신제품의 품질과 안전성을 꼼꼼히 검증해 브랜드 신뢰를 유지하면서 시장 확장 효과를 극대화해야 합니다.

'다각화' 전략을 검토할 때는 기존 사업과 신사업 분야가 시너지를 창출할 가능성이 있는지 우선 살펴봐야 합니다. 기존 사업과의 연관성이 낮다면, 조직 내 축적된 역량을 신사업에 어떻게 결합할 수 있을지 세심하게 검토해야 합니다. 이미 높은 시장 점유율을 가진 경쟁자를 만날 수도 있으므로, 차별화 요소와 진입 전략을 명확히 설정하는 것이 중요합니다. 예를 들어 혁신 기술 확보, 독자적 플랫폼 구축, 합작 투자로 경쟁 강도를 낮추고 시장 내 독자적인 위치를 확보하는 것이 효과적입니다.

마지막으로, '앤소프 매트릭스'가 제시하는 네 가지 방향성은 서로 배타적인 개념이 아니며, 필요에 따라 복합적으로 적용해 기업의 성장 경로를 다양화할 수도 있습니다. 결과적으로, 체계적인 시장 분석과 경쟁 강도 평가를 바탕으로 '앤소프 매트릭스'를 적절히 활용한다면, 신사업의 청사진을 한층 더 구체적이고 설득력 있게 그려낼 수 있습니다.

CHECK LIST

1. 신사업 전략 수립에 사용되는 '앤소프 매트릭스'는 기존/신제품과 '기존/신시장 조합으로 '시장 침투', '시장 개발', '제품 개발', '다각화' 전략을 제시합니다.
2. 각 전략은 리스크와 보상 수준이 다르며, 시장 환경 분석과 기업 역량을 고려해 체계적으로 선택해야 합니다.
3. 기존 기업은 자사 역량과 시너지를 활용한 점진적 접근이, 스타트업은 혁신과 차별화를 통한 신속한 실행이 효과적입니다.

1.4
신사업 추진 전 고려 사항

앞서 '앤소프 매트릭스'에서 신기술과 신제품도 넓은 의미에서 신사업 영역에 포함된다는 것을 확인했습니다. 하지만 신제품과 신사업은 조직의 역량 준비라는 관점에서 큰 차이가 있습니다.

1980년대에 개발된 이후 현재까지도 기업 현장에서 내부 역량을 분석하는 데 활용되는 「매킨지(McKinsey)」의 '7S' 프레임워크로 그 차이점을 살펴보겠습니다.

1. 공유 가치(Shared Values)

신제품과 신사업의 추진 방향은 조직의 공유 가치에 깊이 뿌리를 두고 있습니다. 신제품의 경우 기존 조직의 사명과 비전을 기반으로 개발되며, 브랜드와 조직의 정체성을 유지하는 것이 중요합니다. 예를 들어, 「애플」은 '심플하고 직관적인 사용자 경험'이라는 가치를 기반으로 신제품을 개발해 일관성을 유지합니다.

반면, 신사업은 새로운 가치와 문화 구축이 필수적으로 요구됩니다. 예를 들어, 「페이스북」이 「메타」로 리브랜딩하면서 메타버스 신사업에 진출한 사례가 그렇습니다. 이는 기존 소셜 미디어 중심의 사업 구조에서 벗어나 가상 현실(VR)과 증강 현실(AR) 기술을 기반으로 한 새로운 디지털 생태계를 구축하려는 전략적 변화였습니다.

이를 통해 「메타」는 향후 메타버스 시장에서 선두 주자로 자리 잡으려는 목표를 세웠으며, 소셜 네트워크 기업에서 기술 혁신 기업으로 브랜드 정체성을 전환하는 효과를 가져왔습니다.

2. 전략(Strategy)

신제품과 신사업은 모두 기업의 성장을 목표로 하지만, 전략적 목표에는 차이가 있습니다. 신제품은 기존 시장에서 점유율을 확대하고 고객 만족도를 높이는 것을 목표로 하며, 주로 기존 제품 라인의 연장선상에서 이루어집니다. 예를 들어, 「삼성전자」의 스마트폰 신모델 출시처럼 신제품 전략은 기존 브랜드와 고객층에 대한 이해를 기반으로 시장 점유율 확대와 수익 창출을 목표로 합니다.

기존 사업이 익숙한 시장에서 안정적인 운영을 추구하는 반면, 신사업은 기존 사업 영역과는 다른 시장을 공략하거나 새로운 비즈니스 모델을 창출하는 것을 목표로 합니다. 예를 들어, 주요 자동차 업체들이 로봇 사업에 진출하려는 시도는 자율주행, 스마트 물류, 로봇 기반 서비스 산업과의 시너지를 창출하는 데 집중한 결과입니다. 이러한 전략을 통해 자동차 업체들은 제조업을 넘어, 미래형 스마트 모빌리티 기업으로의 전환을 추진하고 있습니다.

신사업은 새로운 시장과 소비자층을 발굴하고, 기존의 한계를 넘어서려는 중장기적 전략의 일환입니다. 신제품이 기존 시장에서 브랜드 확장과 고객 만족도 향상에 초점을 맞춘다면, 신사업은 다른 시장이나 새로운 비즈니스 모델을 개발해 기업의 미래 성장 동력을 확보하는 데 초점을 둡니다.

3. 조직 구조(Structure)

조직 구조 측면에서 신제품 개발은 기존 회사의 부서 간 협력 및 소통을 통해 진행되는 경우가 많습니다. 예를 들어, 국내 가전 대기업들에서는 해당 제품의 사업부 내에서 상품기획팀, 개발팀, 품질팀, 마케팅팀 등이 협력하는 체계가 신제품 출시의 중요한 역할을 담당합니다.

하지만 신사업은 독립적인 조직 또는 별도 사업부를 신설해 자율적인 의사 결정으로 추진하는 것이 일반적입니다. 이를 통해 의사 결정을 빠르게 내리고 혁신을 촉진하며, 시장 진입 속도를 높일 수 있습니다. 「구글」의 'X'처럼 완전히 독립적으로 미래 신기술 개발에 집중하며 시장에 존재하지 않는 신사업을 발굴하는 선행 연구 기반 같은 조직 형태는 막대한 자본이 투입되므로, 기업의 현실에 맞춰 소규모의 정예화된 조직으로 신사업을 시작하는 것을 추천합니다.

4. 시스템(Systems)

신제품과 신사업은 관리와 운영 시스템 측면에서도 큰 차이를 보입니다. 신제품은 기존의 품질, 생산, 물류/유통망 등의 운영 시스템이 그대로 활용되며, 대부분 기존 회사 내 시스템에서 실행됩니다. 예를 들어, 음료 회사의 신제품은 기존의 유통 및 마케팅 시스템을 사용해 신속하게 시장에 출시됩니다. 이를 통해 물류비 절감, 공급망 최적화, 브랜드 신뢰도 유지 등의 이점을 얻을 수 있으며, 기존 고객층을 대상으로 한 효과적인 마케팅이 가능해집니다.

반면, 새로운 사업 영역으로 진출하는 신사업은 새로운 시스템 구축이 불가피합니다. 예를 들어, 음료 회사가 의약품 시장에 진출한다면 기존 생산 및 유통 시스템과는 다른 관리 체계가 필요하며 '식품의약품안전처'의 규제 준수 및 내부 품질 관리 기준도 더 엄격하게 관리해야 합니다.

5. 리더십 스타일(Style)

리더십 스타일은 신제품과 신사업 모두에서 중요한 역할을 합니다. 신제품은 일반적으로 기존 조직의 관리자가 주도하며, 명확한 타임라인과 목표에 따라 진행됩니다. 이는 안정성과 일관성을 제공하는 한편, 기존 조직 문화와 리더십 스타일을 준수합니다.

신사업은 구성원들의 창의성과 자율성을 기반으로 혁신적 사고와 빠르게 의사 결정을 할 수 있는 조직 문화를 조성하는 리더십 스타일이 중요합니다. 또한, 신사업은 불확실한 상황에서 위험을 감수하고 업무를 추진하는 경우가 많으므로, 기업의 최고경영자가 직접 선도하거나 최고경영자로부터 전권을 받은 단일 리더가 추진하는 것이 바람직합니다. 이렇게 해야 신사업이 기존 조직과 다른 방향으로 나아가야 할 경우, 신속한 의사 결정과 강력한 실행력을 확보할 수 있기 때문입니다.

특히, 초기 시장 개척과 불확실성이 높은 사업 환경에서는 권한을 가진 단일 리더가 명확한 비전을 제시하고 조직을 일관되게 이끌어가는 것이 신사업 성공 가능성을 높입니다.

6. 인력(Staff)

신제품과 신사업은 요구되는 인력의 역량과 구성에서도 차이가 있습니다. 신제품은 기존 인력을 활용하거나 일정 부분 추가 인력을 투입하는 방식으로 진행됩니다.

신사업은 새로운 전문성과 기술을 갖춘 인재를 필요로 하며, 외부 채용이나 신규 팀 구성으로 진행됩니다.

예를 들어, 「테슬라」는 전통적인 자동차 엔지니어뿐만 아니라 AI 전문가와 데이터 과학자를 채용해 소프트웨어가 중요한 전기차 시장에서의 경쟁력을 확보하고 있습니다. AI 기술을 활용해 자율주행 시스템을 개발하고, 데이터 과학을 통해 배터리 효율을 최적화하며 차량 운행 데이터를 분석해 성능을 개선하고 있습니다. 이를 통해 「테슬라」는 기존 자동차 제조업체와 차별화된 소프트웨어 중심의 경쟁력을 강화하고 있습니다.

또는 신사업은 전혀 다른 기술과 전문성을 갖춘 외부 업체와의 협업이 필요한 경우가 많습니다. 예를 들어, 스타트업이 신사업을 추진할 때 클라우드 서비스, AI 분석 도구, 또는 물류 관리 시스템과 같은 기술을 외부 IT 기업과 협력해 도입하는 경우가 많습니다. 이러한 협업으로 기업은 초기 투자 부담을 줄이고, 최신 기술을 더욱 효율적으로 활용할 수 있습니다.

7. 역량(Skills)

신제품과 신사업은 필수 역량에서도 차이가 나타납니다. 신제품 개발은 기술적 전문성과 시장 이해가 중요하지만, 신사업은 전략적 사고와 창의적 문제 해결 능력이 필수적입니다.

신사업은 예측 불가능한 시장 환경에 대응하는 다양한 역량이 필요합니다. 예를 들어, 「우버」의 공유 차량 서비스 도입 사례를 보면, 새로운 사업 모델을 개발하는 데는 기술적 역량뿐만 아니라 정부와의 정책적 협상력까지 필요했습니다. 각국 정부가 기존 택시 산업을 보호하려고 규제를 강화하자, 「우버」는 로비 활동을 펼쳐 법 개정을 유도하거나, 특정 지역에서는 기존 규제와 충돌하지 않는 대체 서비스를 개발하는 방식으로 사업을 확장했습니다. 또한, 운전

기사의 고용 형태를 두고 여러 국가에서 논란이 발생하자, 「우버」는 정책적 타협을 통해 일부 지역에서는 기존 노동법을 준수하면서도 플랫폼 비즈니스의 유연성을 유지하는 방안을 모색했습니다.

신제품은 해당 기술과 시장에 대한 탄탄한 이해가 필수이지만, 신사업은 시장의 불확실성과 끊임없는 변화에 대응하는 창의적 사고, 실패를 두려워하지 않고 도전하는 열정, 그리고 보유하지 않은 역량을 외부와의 협업이나 인재 영입으로 적기에 확보하는 능력이 중요합니다.

지금까지 「매킨지」의 '7S' 프레임워크를 통해 살펴본 바와 같이, 신제품과 신사업은 여러 측면에서 다른 특성이 있습니다. 신제품은 주로 기존 시장에서의 확대를 목표로 하며, 기존 조직 구조와 운영 시스템 내에서 효과적으로 수행됩니다. 반면, 신사업은 새로운 시장을 개척하고 혁신을 이끄는 도전적인 과정으로, 별도의 구조와 시스템, 새로운 가치관이 요구됩니다. 각 기업은 이러한 차이를 이해하고 보유한 자원을 고려해 효과적인 자원 배분과 전략적 결정을 내려야 합니다.

자본, 기술, 인력이 여유 있는 대기업에서도 앞서 설명한 보유 역량의 차이점 때문에 신사업을 추진했을 때 성공 사례보다 실패 사례가 더 많은 것이 현실입니다. 더군다나 일반 중소기업이나 벤처기업이 신사업에 도전하는 것은 대기업보다도 더 높은 실패 확률을 감수해야 하는 담대한 도전입니다.

CHECK LIST

1. 신사업은 신제품 개발과 달리 조직의 공유 가치, 전략, 구조, 시스템, 리더십, 인력, 역량 등 다양한 측면에서 기존 역량과 큰 차이를 보이므로 철저한 준비가 필요합니다.
2. 신사업 추진 시에는 새로운 시장 개척, 혁신적인 비즈니스 모델 구축, 그리고 이에 맞는 새로운 조직 문화와 시스템 구축을 고려해야 합니다.
3. 충분한 자원을 가진 대기업조차 신사업의 성공보다 실패 사례가 많으며, 중소기업이나 벤처기업이라면 더욱 높은 실패 가능성을 감수해야 하므로 신중한 접근이 요구됩니다.

2

신사업 전략

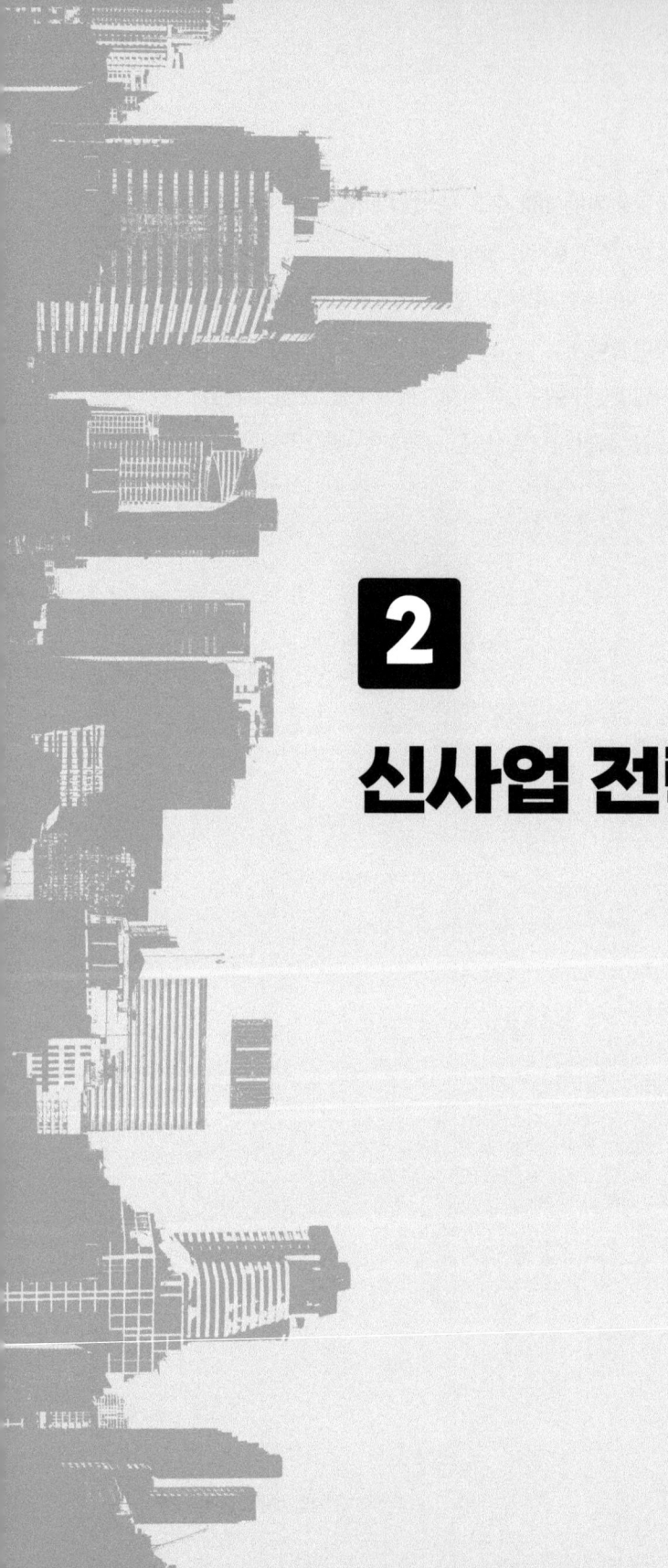

기업 경영자는 기업의 규모와 상관없이 기업의 '시장 가치'를 지속적으로 상승시켜 영속적인 성장을 추구합니다. 이번 장에서는 기업의 '시장 가치'는 어떻게 평가되며, 사업 포트폴리오 관점에서 시장 가치를 향상시키는 신사업 추진 전략을 어떻게 수립할지와 설정된 전략을 어떻게 효과적으로 실행할 것인지를 살펴보도록 하겠습니다.

2.1

기업 가치와 신사업

　기업의 '시장 가치(기업 가치, Enterprise Value)'가 높으면 자금 조달이 더욱 용이해지고, 적대적 인수 시도를 효과적으로 방어할 수 있으며, 시장 내 지위가 강화돼 협상력이 높아집니다. 또한, 우수한 자원을 확보하기 쉬워지고, 경영진에 대한 신임이 높아지며 직원 고용 안정성이 확보되는 등 다양한 장점이 있습니다.

　상장 기업의 기업 가치는 시가총액을 의미하며, '세전 영업이익(EBITDA)' × '배수(Multiple)'로 평가할 수 있습니다. '세전 영업이익'은 기업의 기본적인 영업 성과와 현금 창출 능력을 평가하는 데 사용되는 대표적인 지표로 '영업이익 + 감가상각비 + 무형자산 상각비'를 합산해 구할 수 있습니다.

　'세전 영업이익'은 기존 사업에서의 '시장 점유율'이나 '영업이익률' 상승을 통해 기업의 시장 지배력을 강화하고 현금 창출 능력을 확대함으로써 증가시킬 수 있습니다.

　'배수'는 미래 가치를 현재 기업 가치로 환산하는 개념으로, 'Price to Dream Ratio'라고도 불립니다. 이는 미래 시장 수요, 혁신 사업 모델, 고객 데이터 기반 독점 플랫폼, 특허, 브랜드 등의 요소를 종합적으로 분석해 기업의 미래 가치를 예측하는 방식입니다. 특히, 신기술 도입 여부, 소비자 트렌드 변화, 글로벌 시장 확장 가능성, 경쟁사 대비 차별화 요소 등을 고려해 '배수'를 평가합니다. 이러한 요소들은 기업이 장기적으로 성장할 가능성을 판단하는 핵심 지표로 활용됩니다.

상장 기업의 '배수'는 미국 'Yahoo(https://finance.yahoo.com)'에서 쉽게 확인할 수 있습니다. 2025년 1월 기준으로 「삼성전자」는 3.8, 「현대자동차」는 7.2, 「애플」은 27.8, 「테슬라」는 93.9 등을 기록하는 등 초우량 기업 간에도 '배수'에서 큰 차이를 보입니다.

'배수'를 개선하는 방법은 크게 세 가지로 생각해 볼 수 있습니다.

첫째, 기존 사업이라면 충성도 높은 고객, 핵심 기술 등 보유한 자산을 활용해 사업의 성장성과 수익성을 강화할 수 있습니다. 예를 들어, B2C 제조업체는 수익성 높은 온라인 직영몰 운영, 독점 기술을 활용한 장기 B2B 계약, 구독 사업 모델 등의 방법을 적용해 미래 가치 평가를 높일 수 있습니다.

둘째, 기존 사업에 비해 시장 규모, 성장성, 기대 수익률이 높은 신사업에 진입해 미래 성장과 수익 잠재력을 확보하는 것입니다. 고성장 산업으로 사업을 확장하거나, 미래 유망 사업에 소수 지분을 투자하고, 성장 역량을 확보할 M&A를 추진하는 등의 방법이 포함됩니다.

마지막으로 기존 사업을 재구조화하고 인적, 물적, 재무적 자원을 더욱 효율적으로 배분해 사업 포트폴리오를 고도화하는 것입니다. 예를 들어, 성장성이 낮은 사업의 자원을 축소하고, 신사업이나 고성장 부문에 집중 투자하는 방식으로 기업의 미래 가치를 극대화할 수 있습니다.

또한 이러한 전략을 명확하게 대외에 공유함으로써 시장 신뢰도를 높이고, 투자자 및 이해관계자와 원활한 커뮤니케이션을 도모하는 것이 중요합니다. 국내에서도 최근 「현대자동차」와 「LG전자」가 미래 전략을 공개적으로 발표하고 있습니다.

비상장 기업의 가치는 상장 기업과 달리 공시된 가격이 없으므로, 유사한 상장 기업의 가치를 비교하거나 미래 예상 현금 흐름을 현재 가치로 환산해 추정하거나 기업의 순자산 가치를 기반으로 평가합니다. 방법에 따라 추정 규모가 큰 차이를 보일 때에는 회계 법인이나 전문 평가 기관의 도움을 받아 다양한 분석 기법을 종합적으로 활용해 가치를 평가합니다.

하지만, 매출 실적이 없는 스타트업이나 벤처기업의 아이디어, 프로토타입의 완성도,

팀원들의 역량 등의 개별 요소에 일정 금액을 부여하고 합산해 기업 가치를 평가하거나 해당 기업과 유사한 업종의 비슷한 규모의 업체의 평균 기업 가치를 기준으로 해당 기업의 역량 수준을 고려해 평가하기도 합니다.

비상장 기업의 가치를 평가하는 방식은 상장 기업 대비 정확도가 떨어질 수밖에 없으며 결국 투자하고자 하는 주체의 수요가 얼마나 많으냐에 따라 기업 가치가 크게 좌우되는 경우가 많습니다.

2.2 사업 포트폴리오와 신사업

대부분의 시장과 사업은 장기적으로 보면 지속적으로 성장하기보다는 일정한 '흥망성쇠(興亡盛衰)' 사이클을 가지는 경우가 많습니다. 따라서 기업 경영자는 현재 사업이 성장하고 있다고 하더라도, 새로운 미래 성장 동력을 확보해 기업의 지속적인 경쟁력을 강화해야 합니다. 또한, 기존 사업과 신사업 간에 어떻게 자원을 배분할지는 사업 포트폴리오 관점에서 체계적으로 관리하는 것이 중요합니다.

사업의 사이클을 설명하는 여러 방법이 있지만, 가장 고전적이고 대표적인 방법은 1965년 「하버드 비즈니스 리뷰」에 기고된 '테오도르 레빗(Theodore Levitt)'의 글에서 찾아볼 수 있습니다. 그가 제안한 『제품 수명 주기 활용(Exploit the Product Life Cycle)』에 따르면, 제품의 수명 주기는 시장의 변화, 경쟁 상황, 매출, 수익성, 투자 규모 등에 따라 '도입기(Market development)', '성장기(Growth)', '성숙기(Maturity)' 그리고 '쇠퇴기(Decline)'의 네 가지로 구분됩니다.[7]

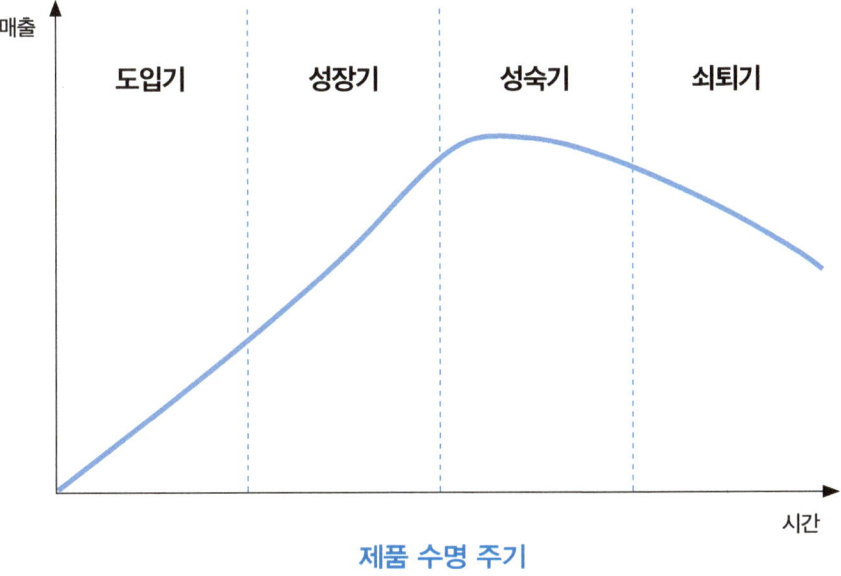

제품 수명 주기

1. 도입기는 신제품이 시장에 처음 출시되는 단계로, 소비자의 제품 인지도가 낮으며, 경쟁자가 거의 없거나 아주 적어 독점적인 지위를 확보할 가능성이 있습니다. 이 시기에는 제품 개발과 초기 마케팅 활동에 비용이 많이 들지만, 매출이 아직 낮고 시장 진입과 홍보에 사용할 초기 투자 비용이 필요해 대부분 적자를 기록하게 됩니다.

2. 성장기는 소비자에게 제품 인지도가 높아지고 수용도가 증가하면서 시장 수요가 급격히 증가해 매력적인 시장으로 주목받는 단계입니다. 이에 따라 시장에 진입하는 경쟁사가 급증하며, 본격적인 경쟁이 시작됩니다. 매출은 빠르게 늘지만, 유통 확장과 적극적인 마케팅 활동으로 인한 비용 증가 탓에 매출 증가율에 비례해 수익성은 쉽게 개선되지 않습니다.

3. 성숙기에는 시장 성장이 정체돼 연간 시장 성장률이 뚜렷이 감소하며, 시장 경쟁이 가격 인하와 차별화 전략을 중심으로 전개됩니다. 매출 증가율은 정체되지만, 이 단계에서 가장 큰

매출 규모를 달성할 수 있으며, 이전 단계보다 비용도 감소해 총수익 창출 금액은 극대화되는 시기입니다.

4. 쇠퇴기는 소비자 취향 변화나 신기술 등장으로 시장 수요가 감소하는 단계입니다. 이에 따라 시장에서 철수하는 기업이 늘어나고, 남은 시장 참여자 간의 경쟁 강도는 상대적으로 약해집니다. 이 시기에는 신규 투자를 최소화하고 비용 절감을 우선시하지만, 매출이 계속 줄어들고 수익성 역시 악화해 적자로 이어질 가능성이 높습니다.

그러나 실제 시장에서는 테오도르의 전형적인 4단계 모델과 다른 경우도 존재합니다. 일시적 유행에 따라 짧은 주기로 흥망하는 제품, 계절적 특성으로 일정한 패턴을 보이는 제품, 시간이 지나도 꾸준히 판매되는 스테디셀러, 그리고 연속적으로 성장하는 모델 등 다양한 제품 수명 주기를 확인할 수 있습니다.

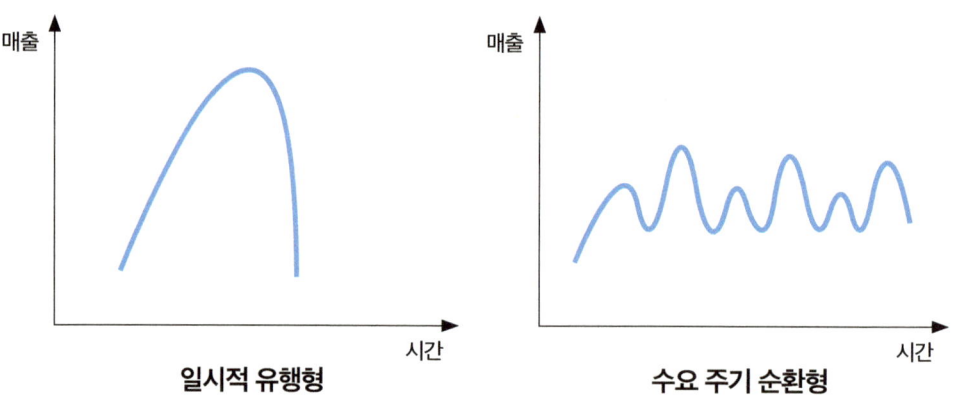

신사업 관점에서 제품 수명 주기를 살펴보면, 가장 이상적인 모델은 지속 가능성을 갖춘 연속적인 성장형 모델입니다.

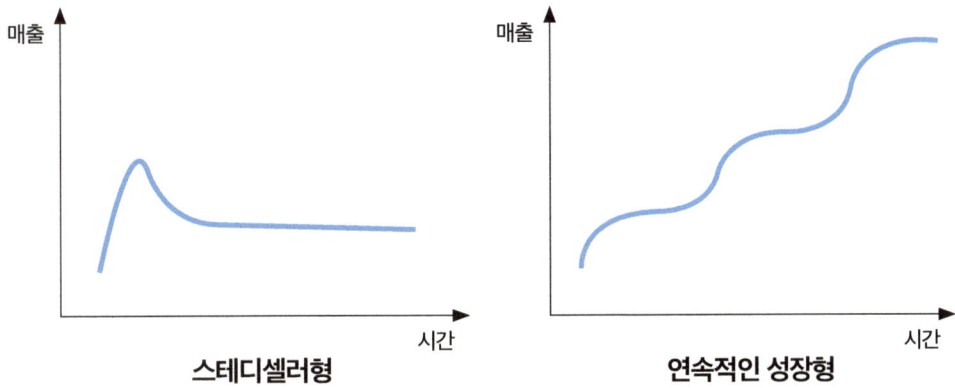

 이 모델의 전형적인 추진 전략은 기존 사업이 성숙기에 진입하면 미리 준비한 새로운 제품이나 서비스를 연이어 출시해 매출과 수익성을 극대화하는 전략입니다.

 「애플」의 사례를 살펴보면, 처음에 하드웨어인 아이폰과 소프트웨어 생태계인 '앱 스토어'를 결합한 이후 '아이패드', '에어팟', '애플 워치' 등의 신제품 출시와 함께 기기 간 일관된 연결 경험을 제공하는 다양한 솔루션들을 연속적으로 선보이고 있습니다.

 뿐만 아니라, 보증 기간 연장 상품인 '애플케어', 클라우드 스토리지 서비스인 'iCloud', 음악 스트리밍 및 팟캐스트 플랫폼인 '애플 뮤직', 영화 및 TV 프로그램 구독 서비스인 '애플 TV+', 게임 구독 제공 서비스인 '애플 아케이드' 등 다양한 디지털 콘텐츠 및 구독형 서비스를 장기간에 걸쳐 순차적으로 출시해 지속적인 성장을 이어가고 있습니다.

 이를 통해 「애플」은 하드웨어 판매뿐만 아니라 서비스 부문에서도 안정적인 수익원을 확보하며 생태계를 더욱 견고히 구축하고 있습니다. 2006년부터 2024년까지의 「애플」의 연도별 매출을 살펴보면, 일반적인 기업의 제품 수명 주기와는 달리 연속적인 성장을 보여주고 있습니다.

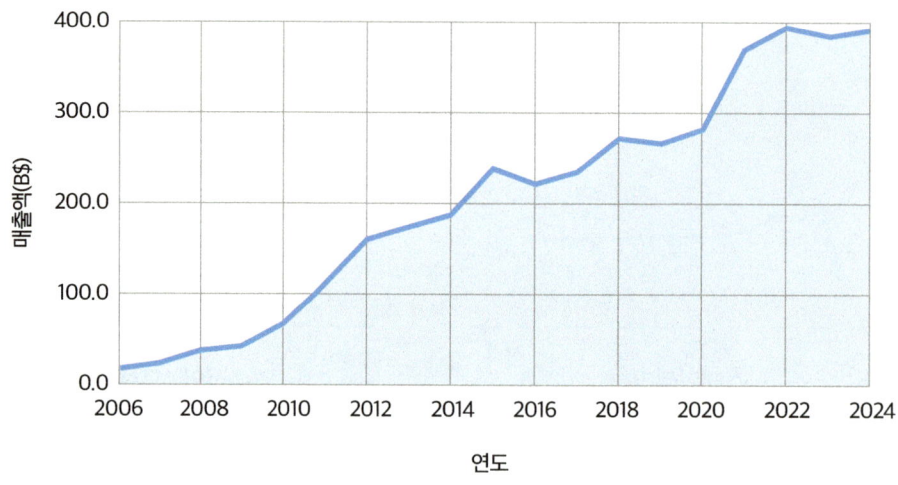

애플 연도별 매출 (2006년~2024년)

　이처럼 최근의 신사업 기획은 단순히 하나의 사업만 준비하는 것이 아니라, 하드웨어, 소프트웨어, 서비스, 솔루션으로 확장하고, 제품 판매 이후에도 구독 등 리커링 비즈니스를 통해 지속적인 수익을 창출할 수 있는지에 주목합니다.

CHECK LIST

1. 대부분의 사업은 흥망성쇠 주기를 가지므로, 기업이 지속적인 경쟁력을 유지하려면 현재 사업이 성장하더라도 새로운 성장 동력인 신사업을 준비해야 합니다.
2. 이상적인 신사업 전략은 기존 사업이 성숙기에 접어들면 새로운 제품이나 서비스를 지속적으로 출시해 매출과 수익성을 극대화하는 연속 성장형 모델입니다.
3. 최근의 신사업 기획은 단일 사업에 그치지 않고 하드웨어, 소프트웨어, 서비스 등으로 확장하며, 구독 모델 등으로 지속적인 수익 창출을 추구하는 경향이 있습니다.

2.3 신사업 전략 수립

아래 소개하는 '신사업 포트폴리오'는 앞서 소개한 '앤소프 매트릭스'를 확장 변형한 것입니다. 가로축은 사업 영역을 기존 사업, 인접 사업, 비인접 사업/미래 사업으로 세분하고, 세로축은 기존 사업 모델과 신사업 모델로 분류하는 매트릭스 형태로 표현했습니다.

영역별로 신사업 추진 전략에는 차이가 있습니다. 먼저, 기존 사업 영역에서 기존의 사업 모델로 신사업을 추진하는 방식부터 살펴보도록 하겠습니다.

1. 사업 정예화/구조 개편

기존 사업 영역과 기존 사업 모델 내에서 신사업을 강화하는 방안은 여러 가지가 있습니다.

첫째, 신제품을 출시해 기존 시장에서 경쟁력을 높이는 방법입니다. 둘째, 사업 다각화를 고려하지 않고, 가용한 모든 자원을 하나의 핵심 사업에 집중하는 '핵심 사업 집중(Pure Play)' 전략을 활용합니다. 이를 통해 해당 분야에서 최고의 전문성을 갖추고, 시장 경쟁 우위를 확보할 수 있습니다. 마지막으로, 규모는 작지만 특정 분야나 지역에서 강한 유망 업체를 인수해 규모의 경제를 확보하는 '사업 강화를 위한 중소기업 M&A(Bolt-on)' 전략이 있습니다. 이 방식은 신속하게 성장하고 시장 점유율을 확대하는 데에 유리합니다.

'핵심 사업 집중' 전략은 사업 다각화를 지양하고 현재의 핵심 사업에만 모든 자원과 역량을 집중한다는 의미입니다. 이 전략을 성공적으로 실행하려면 시장과 산업 구조를 심층적으로 분석해야 합니다. 시장의 성장 가능성, 진입 장벽, 경쟁사 동향 등을 종합적으로 검토해 '집중 투자'가 장기적으로 유의미한 이익을 창출할 수 있는지 판단해야 합니다.

또한, 자사의 핵심 역량(Core Competency)이 무엇인지 명확히 정의하고, 이를 강화하는 데 필요한 조직 내 전문 인력과 기술 인프라를 확보하는 것이 중요합니다. 이렇게 하려면 직원 역량 개발, R&D 투자, 현장 운영 프로세스 개선 등으로 전문성을 강화하고 시장 지배력을 확보하는 선순환 구조를 만들어야 합니다. 한편, 단일 사업에만 집중하다가 외부 환경 변화나 경기 변동에 대한 리스크가 높아질 수 있습니다.

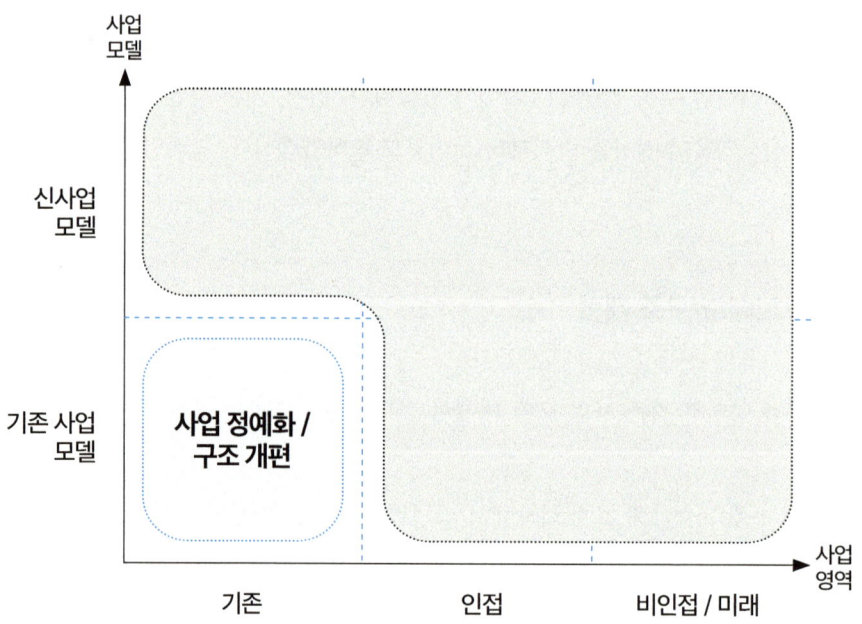

따라서 위기에 대응할 비상 계획(Contingency Plan)을 마련하고, 필요할 경우 외부 파트너와 제휴하거나 협업해 시장 충격을 분산시켜야 합니다. 아울러 고객 접점에서 차별화된 브랜드 경험을 극대화하는 전략적 마케팅 활동도 필수입니다. 특히, 차별화되고 고유한 서비스, 일관된 품질, 높은 고객 만족도를 제공함으로써 동일 업종 내 경쟁사 대비 높은 브랜드 충성도를 확보해 나가는 것이 장기적 생존에 중요한 요소입니다.

이러한 '핵심 사업 집중' 전략을 성공적으로 실행한 대표적인 기업 사례를 살펴보겠습니다.

워비 파커

「워비 파커(Warby Parker)」는 안경 산업의 복잡한 유통 구조를 단순화한 온라인 직접 판매(Direct to Consumer, D2C) 모델에 집중해 소비자에게 합리적인 가격과 우수한 디자인을 제공하는 데 성공했습니다. 기존 안경 시장은 중간 유통 마진이 높고 복잡한 판매 채널을 거쳐야 했지만, 워비 파커는 자체 디자인, 자체 생산, 온라인 직판을 통해 비용과 가격 경쟁력을 극대화했습니다.

무엇보다 온라인 쇼핑에서 중요한 요소인 '착용감' 문제를 해결하고자 고객이 여러 안경을 집에서 직접 써볼 수 있는 '홈 트라이온(Home Try-On)' 서비스를 도입했습니다. 이런 집중된 비즈니스 모델과 독창적인 고객 경험 제공 전략은 「워비 파커」를 새로운 '핵심 사업 집중' 성공 업체로 자리매김하게 했습니다.[8]

룰루레몬

「룰루레몬(Lululemon)」은 요가복 및 애슬레저(athleisure) 의류라는 특정 시장에 집중적으로 투자해 브랜드 가치를 극대화한 사례입니다. 요가복 시장 진출 초기부터 고품질 기능성 원단과 인체공학적 디자인에 심혈을 기울였으며, 체험형 오프라인 매장과 커뮤니티 이벤트를 통해 고객과의 접점을 강화했습니다.

특히 요가 스튜디오나 피트니스 강사를 통해 제품을 홍보하여 주요 고객층이 직접 제품을 체험할 기회를 제공했으며, 이를 기반으로 높은 브랜드 충성도를 확보했습니다. 이렇게 특정 시장에서의 전문성과 프리미엄 이미지를 확고히 하는 '핵심 사업 집중' 전략은 경쟁이 치열한 글로벌 스포츠웨어 시장에서도 「룰루레몬」이 차별화된 포지션을 유지하는 데 기여했습니다.

넷플릭스

「넷플릭스(Netflix)」는 초기에는 DVD 대여 우편 서비스를 제공했으나, 스트리밍 기술이 발전하자 온라인 동영상 스트리밍이라는 단일 분야에 집중하기로 했습니다. 이를 위해 방대한 콘텐츠 라이브러리를 확보하고 독점 오리지널 시리즈 제작에 막대한 비용을 투자했으며, 기술 역량을 강화해 개인화된 추천 알고리즘과 사용자 친화적인 인터페이스를 구현했습니다.

그 결과, 글로벌 OTT(Over-the-Top) 시장에서 강력한 영향력을 확보했으며, 현재는 전 세계 가입자를 대상으로 높은 브랜드 인지도를 유지하고 있습니다.

기존 사업 영역과 기존 사업 모델에서의 신사업 강화 방안 중 세 번째 실행 방법으로 '사업 강화를 위한 중소기업 M&A(Bolt-on)' 전략을 소개했었습니다. 기존 사업의 성장을 가속하고 경쟁력을 강화하고자 관련 기업을 인수하는 방식입니다.

관련 기업을 인수함으로써 시장 점유율을 확대할 수 있으며, 제품 라인을 확장해 다양한 고객층을 확보하고, 운영 효율성을 증대시켜 비용 절감 효과를 기대할 수 있습니다. 이를 통해 새로운 성장 동력을 확보하고 지속적인 경쟁력을 유지할 수 있습니다.

이 전략은 주로 규모가 큰 기업이 더 작은 경쟁 기업을 인수하는 형태로 진행되며, 기존 구조와 시스템에 큰 변화를 주지 않고 부가적인 가치를 창출하는 데 중점을 둡니다. 비용 절감, 운영 효율성 증대, 시장 점유율 확대 등 투자 대비 효과를 극대화할 수 있다는 점이 다른 M&A와의 차이점입니다.

이를 통해 기업은 새로운 시장에 빠르게 진출하거나 기존 시장에서 점유율을 확대할 수 있으며, 사업 영역을 확장하지 않고도 성장 동력을 얻을 수 있습니다. 또한, 기존 사업과 밀접한 관련이 있는 기업을 인수하기 때문에 통합 리스크가 낮으며, 시장에서의 학습 비용과 실패 가능성을 줄일 수 있습니다.

그러나 이 전략은 몇 가지 도전 과제와 단점도 수반합니다. 대표적으로 조직 문화 차이 탓에 발생하는 내부 갈등, 연구개발 투자 부족이 원인인 혁신 정체, 그리고 예상치 못한 비용 발생 등의 문제가 있을 수 있습니다. 예를 들어, 인수 대상 기업과의 조직 문화 차이는 종업원 만족도와 생산성 저하를 불러올 수 있으며, 이 전략에 과도하게 의존하면 내부 연구개발이나 혁신적인 비즈니스 기회에 투자할 자원이 부족해져 장기적인 성장 잠재력이 제한될 수 있습니다. 또한, 인수 및 통합 과정에서 예상치 못한 추가 비용이 발생할 가능성도 존재합니다.

이를 극복하려면 몇 가지 핵심 요소를 고려해야 합니다. 첫째, 인수하려는 기업이 회사의 중장기적 비전과 얼마나 부합하는지를 판단하고, 일시적 수익보다 장기적 전략과의 일치성을 중점적으로 검토해 지속 가능성을 높여야 합니다. 둘째, 인수 대상 기업의 문화와 구조가 기존 사업과 조화롭게 융합될 수 있는지를 사전에 평가해 조직 문화를 원활히 통합해 장기적 성공을 도모해야 합니다. 셋째, 인수 과정에서 발생할 수 있는 법적 문제와 위험을 사전에 검토해야 하며, 특히 해외 기업을 인수할 때는 국내법과의 차이뿐만 아니라 해당 국가나 '유럽연합(EU)'과 같이 정치 및 경제 공동체의 규제까지 자세히 분석해야 합니다.

마지막으로, 이 전략이 성공하려면 충분한 재정적 자원이 뒷받침돼야 하며, 인수 비용뿐 아니라 통합 비용까지 감당할 수 있는 재정적 안정성을 확보하는 것이 필수적입니다. 이를 위해 사전에 철저한 재무 분석을 수행하고, 필요할 경우 인수 자금을 마련할 장기 금융 조달 방안을 준비해야 합니다. 또한, 내부 현금 흐름을 최적화해 예상치 못한 비용 증가에도 대응할 수 있도록 준비하는 것이 중요합니다. 이 전략은 신중한 계획과 철저한 사전 검토를 병행해 실행할 때 기업 성장의 강력한 도구로 활용될 수 있습니다.

'사업 강화를 위한 중소기업 M&A(Bolt-on)' 전략을 성공시킨 대표적인 사례 세 가지를 소개하겠습니다.

페이스북의 인스타그램 인수

「페이스북」은 2012년 「인스타그램」을 인수하며 모바일 시장에서 경쟁력을 빠르게 강화했습니다. 당시 「페이스북」은 데스크톱 기반 플랫폼 의존도가 높아 모바일 사진 공유에 특화된 「인스타그램」의 사용자층을 추가 확보할 필요가 있었습니다.

인수 이후 「페이스북」은 「인스타그램」을 별도 앱으로 유지하면서도 「페이스북」의 인프라, 광고 플랫폼, 빅데이터 분석 역량을 「인스타그램」에 접목했습니다. 이를 통해 모바일 광고 수익을 빠르게 늘리고, 젊은 세대 사용자 기반을 확장하는 데 성공했습니다.[9]

월트 디즈니의 픽사 인수

「디즈니」는 2006년 「픽사」를 인수해 애니메이션 시장에서 기술을 혁신하고 콘텐츠 경쟁력을 상당히 강화했습니다. 「디즈니」는 전통 애니메이션 분야에서 브랜드 파워와 글로벌 유통망을 보유하고 있었고, 「픽사」는 3D 애니메이션 기술과 창의적인 스토리텔링 역량을 갖추고 있었습니다.

인수 후 「디즈니」는 픽사의 혁신적인 제작 기술을 자사 애니메이션 및 영화 전반에 적용하고, 캐릭터 IP를 다방면으로 활용해 테마파크, 캐릭터 상품 등 다양한 사업 부문과의 시너지를 확대했습니다.[10]

구글의 유튜브 인수

「구글」은 2006년 「유튜브」를 인수하며 동영상 검색 시장에서 막대한 경쟁 우위를 확보했습니다. 「구글」은 기존 검색 엔진 기술과 광고 네트워크 인프라를 「유튜브」의 방대한 콘텐츠 라이브러리 및 사용자 기반과 통합해 시너지를 극대화했습니다.

이를 통해 광고 수익 모델을 다각화하고, 동영상 플랫폼의 시장 지배력을 단기간에 높였습니다. 특히 「유튜브」를 「구글」의 클라우드 서비스 및 분석 도구와 연계해 콘텐츠 제작자와 광고주 모두에게 매력적인 플랫폼을 구축했습니다.[11]

2. 밸류 체인 확장

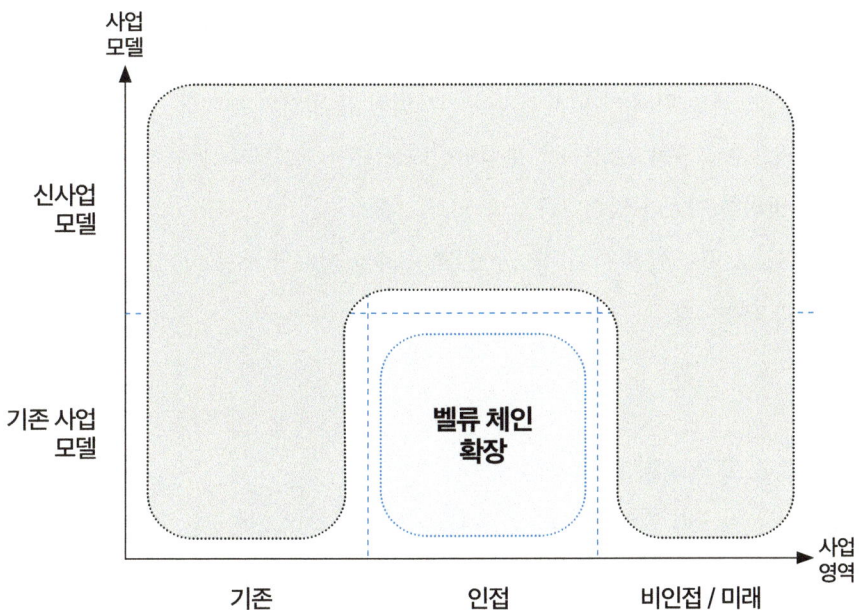

기존 사업 시장의 성장세와 수익성이 둔화했을 때, 기존 사업 모델을 활용해 인접 사업 영역으로 확장하는 것이 신사업 추진의 최우선 고려 대상이 될수 있습니다.

이 전략은 기존 사업과의 연계를 바탕으로 새로운 가치를 창출하는 데 중점을 두며, 기업의 핵심 역량을 강화하고 추가 수익원을 발굴하는 것을 목표로 합니다. 또한, 기업 가치 중에서 '세전 영업이익' 향상을 주요 목표로 합니다.

기존 사업 모델을 활용해 인접 사업 영역으로 확장할 때는 먼저 핵심 역량을 발휘하고 시너지를 창출할 수 있는 분야인지를 판단하는 것이 중요합니다. 이를 위해 기업의 기술, 브랜드 자산, 고객 기반, 운영 프로세스 등 내부 역량을 면밀히 파악해야 합니다. 신규 시장이나 제품군에서 발생할 수 있는 위험 요소를 분석하려면 시장 규모와 성장 가능성, 경쟁 상황 등을 사전에 조사하고, 자사와 경쟁사의 강점을 비교해 전략을 구체화해야 합니다.

또한, 인접 분야에서 발생할 수 있는 규제 또는 인증 관련 이슈를 사전에 확인하고, 필요한 인적/재무적 자원을 확보하는 것도 핵심 과제입니다. 브랜드 충성도와 일관성을 유지하면서도 확장 효과를 극대화하려면 마케팅 측면에서 신뢰도와 차별화를 함께 고려해야 하며, 통합된 고객 경험을 제공할 방안을 모색해야 합니다.

마지막으로, 이를 위해 기존 사업팀과 신사업팀 간의 협력 체계를 구축해 인력 및 노하우를 효율적으로 공유하고, 성과를 모니터링해 신속한 피드백과 개선 활동을 적극 장려하는 체계를 마련할 필요가 있습니다.

기존 사업 모델로 '인접 사업 영역으로 확장'하는 전략의 성공 사례 중 살펴볼 만한 사례는 다음과 같습니다.

스타벅스의 리테일 확장 사례

「스타벅스」는 커피 전문점이라는 기존 사업 모델을 토대로 소매 유통 및 패키지 상품 판매 사업으로 영역을 확대했습니다. 본연의 강점인 프리미엄 커피 이미지를 살려 커피 원두, 음료 캡슐, 기념품 등을 판매하는 방식으로 리테일 시장에 진출했고, 매장뿐만 아니라 자사 앱과 온라인 판매를 활용해 고객 경험을 강화했습니다.

이로써 오프라인 커피 매장 중심의 수익 구조에서 벗어나 자사 브랜드 가치를 극대화하고 고객 로열티를 끌어올리는 데 성공했습니다. 이처럼 「스타벅스」는 매장 운영에서 쌓은 물류·운영 노하우와 고객 데이터를 적극적으로 활용해 수익원을 다각화했습니다.

현대자동차 그룹의 수직 계열화

「현대자동차」 그룹은 '쇳물에서 자동차까지'라는 슬로건 아래 자동차 산업의 전체 밸류 체인을 통합해 제철, 부품 생산, 완성차 제조, 서비스, 금융 지원의 다섯 가지 주요 영역을 수직 계열화함으로써 경쟁력을 강화했습니다.

원자재 공급을 담당하는 「현대제철」은 자동차 강판을 생산하며, 핵심 부품을 공급하는 「현대

모비스」와 「현대위아」는 각각 섀시, 모듈, 모터와 엔진, 변속기를 제작합니다. 완성차 제조는 「현대자동차」와 「기아」가 맡아 다양한 모델을 글로벌 시장에 제공합니다. 또한, 「현대글로비스」는 효율적인 물류와 유통 서비스를, 「현대캐피탈」과 「현대카드」는 고객의 구매 편의성을 확보할 금융 서비스를 제공하며, 각 영역에서 통합적이고 체계적인 운영으로 그룹의 경쟁력을 강화하고 있습니다.

「현대자동차」 그룹의 수직 계열화 전략은 각 계열사가 협업하게 해 생산 효율성과 품질 경쟁력을 동시에 강화하는 데 기여했습니다. 특히, 자체적으로 강판과 부품을 생산함으로써 외부 의존도를 줄이고 공급망 안정성을 확보했습니다.

이를 통해 글로벌 시장에서 원가 경쟁력을 높이고, 시장 변화에 유연하게 적응할 수 있었습니다. 또한, 물류와 금융을 지원해 고객 만족도를 극대화하고 판매 증진에 기여하며 그룹 전체의 수익성을 증대했습니다. 「현대자동차」 그룹은 이러한 시너지 효과를 바탕으로 자동차 산업 전반에서 지속 가능한 성장을 도모하고 있습니다.

LG생활건강의 한국 코카콜라 보틀링 인수

「LG생활건강」은 2007년 10월 「한국 코카콜라 보틀링」을 약 3,853억 원에 인수했습니다.[12] 「LG생활건강」은 생활용품 및 화장품 사업에서 쌓은 브랜드 관리 및 유통 역량을 바탕으로, '코카콜라'라는 강력한 브랜드를 인수해 음료 시장에 성공적으로 진입했습니다.

'코카콜라' 인수로 「LG생활건강」은 안정적인 수익원을 확보하고, 음료 시장에서 입지를 강화했습니다. 또한, 기존 유통망과 마케팅 노하우는 '코카콜라'의 브랜드 가치를 더욱 높이는 데 기여했습니다.

3. 사업 모델 확장

이미 언급했듯이, 벤처기업이나 현재 사업을 영위하고 있는 기업이 새로운 사업 모델로 신사업을 추진하는 것은 매우 어려운 작업이지만, 기존 사업과 비교해 봐서 신사업 모델이 시장 규모와 성장성을 확대하고 수익성을 개선할 수 있다면 기업 가치의 '세전 영업이익'뿐만 아니라 '배수'까지 획기적으로 개선할 수 있습니다. 이러한 신규 사업 모델은 익숙한 기존 사업 영역부터 적용할 때 가장 적은 자원과 리스크로 추진할 수 있습니다.

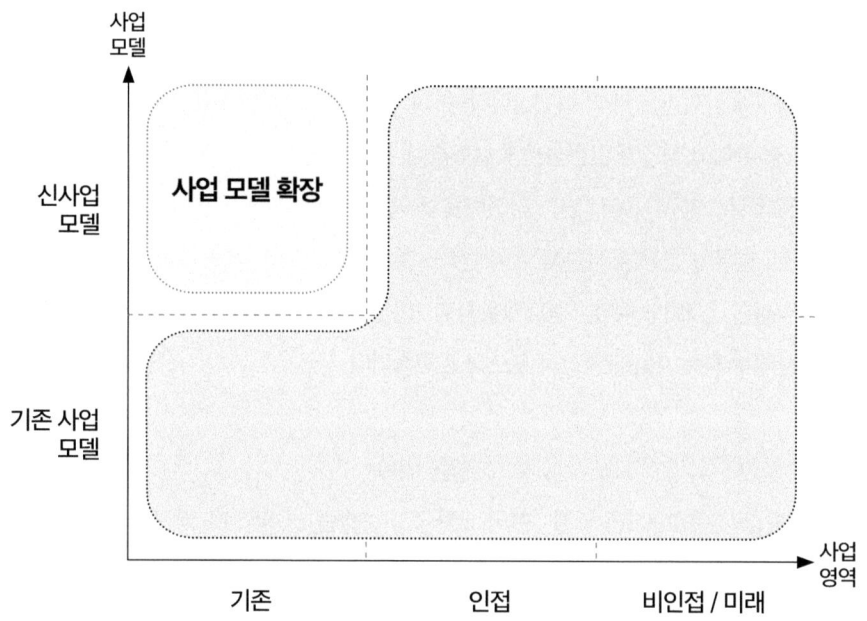

일반적으로 납품 위주의 제조업체들은 고정비를 최소화할 수 있는 온라인 '자사몰'을 만들어 수익성을 향상할 수 있고, 유통판매업은 판매뿐만 아니라 설치와 수리 서비스 등을 시작함으로써 기존 사업 영역에서 새로운 사업 모델로 확장할 수 있습니다. 또한 소프트웨어 판매 회사는 패키지 단품이 아닌 월 구독형 모델을 도입해 안정적인 수익 구조를 구축하고 고객과 지속적으로 소통함으로써 고객 경험을 강화하여 추가적인 매출을 발생시킬 기회도 얻게 됩니다.

이러한 자사몰, 설치 및 수리 서비스, 구독 모델로의 전환 관련해서 대표적인 사례들을 확인해 보도록 하겠습니다.

나이키의 자사몰

자사몰의 대표적인 성공 사례 중 하나로 「나이키」가 꼽힙니다. 「나이키」는 2017년부터 중간 유통 단계를 거치지 않고 소비자에게 직접 판매하는 'D2C' 전략을 적극적으로 추진해 고객 데이터를 활용한 맞춤형 마케팅과 브랜드 이미지를 효과적으로 관리했습니다.

2019년 11월에는 세계 최대 온라인 쇼핑몰인 「아마존」에서 제품 판매를 전격 중단하며 자사 '온라인몰'을 한층 강화했는데, 이에 따라 2012년 15%였던 D2C 매출 비중은 2019년 32%, 2020년에는 35%까지 늘어났습니다.[13]

하지만 이러한 D2C 전략에 올인하면서 예상치 못한 문제들이 발생했습니다.

팬데믹 이후 공급망 혼란과 수요 예측 실패로 대규모 재고가 쌓였습니다. 모든 재고 리스크를 직접 부담해야 하는 D2C 구조는 심각한 부담이 되었고, 빈번한 할인으로 재고를 처리하려는 시도는 프리미엄 브랜드 이미지에 타격을 주었습니다. 또한, 혁신 없이 과거 인기 제품 재출시에만 집중하면서 소비자의 피로감을 키웠고, '스포츠=나이키'라는 핵심 브랜드 정체성마저 약화시켰습니다.

D2C를 강화하고자 주요 도소매 파트너와의 거래를 중단한 결과, 오프라인 매장에서 나이키 제품을 찾기 어려워진 소비자들은 자연스럽게 경쟁사 제품을 선택했고, 이는 직접적인 매출 손실로 이어졌습니다.

결과적으로 나이키의 경영 성과는 크게 악화됐습니다. 문제를 해결하려고 나이키는 2024년 CEO를 교체하고 전략적 변화를 모색했습니다. 신임 CEO는 소매업체와의 관계 회복을 최우선 과제로 삼았으며, 아마존 재입점 및 주요 유통 파트너와의 협력 강화 방침을 발표했습니다.

나이키의 사례는 가장 성공적인 기업도 치명적인 전략적 실수를 범하면 추락할 수 있음을 보여줍니다. D2C는 분명 장점이 많지만 만능은 아니며, 나이키의 부진은 과도한 D2C 의존, 재고 관리와 혁신 실패, 시장 대응 부족 등 복합적 요인의 결과였습니다.

베스트바이의 긱스쿼드

미국에서 「아마존」의 급성장으로 전자제품 유통업체들은 큰 타격을 받았고, 업계 2위 업체인 「서킷시티(Circuit City)」는 2009년 폐업했으며, 「라디오 쉑(Radio Shack)」도 2015년 파산보호 신청을 했습니다. 「베스트바이(BestBuy)」도 2012년 50여 개의 매장을 닫으며 수천 명의 직원을 해고해야 했습니다.

하지만 업계 1위인 「베스트바이」는 2013년 '허버트 졸리(Hubert Joly)'가 CEO로 임명되면서 2002년 인수한 '긱스쿼드(Geek Squad)' 사업을 강화했습니다. '긱스쿼드'는 복잡한 전자제품을 고객들에게 쉽게 설명해 주는 서비스부터 제품 설치, 문제 해결, 그리고 제조사의 A/S 기간이 지난 제품의 수리 서비스까지 제공합니다.

일반적인 전자제품 유통회사들이 가격 할인 전쟁으로 수익성이 악화될 때, 「베스트바이」는 '긱스쿼드'를 통해 고객과 교감하고 고객이 필요로 하는 솔루션을 제공해 고수익을 창출했으며, 이는 오프라인 전자제품 유통업체로 지속 성장할 수 있는 원동력 중 하나가 됐습니다.[14]

마이크로소프트 구독 모델 전환

2014년 '사티아 나델라(Satya Narayana Nadella)' CEO 취임 이후, 「마이크로소프트」는 클라우드 기반 구독 모델을 적극 도입하기 시작했습니다. 이를 통해 사용자는 월 구독 형태로 오피스, 원 드라이브 등을 이용할 수 있게 됐습니다.

이러한 전환 결과, 「마이크로소프트」의 실적은 크게 개선됐습니다. 2019년 회계연도 4분기 기준, 오피스 365의 일반 구독자는 3,480만 명을 기록했고 클라우드 기반의 오피스 365 기업 매출도 31% 상승했습니다.[15]

이러한 구독 모델의 도입은 「마이크로소프트」의 매출과 수익성을 높였을 뿐만 아니라, 사용자들에게도 최신 기능과 보안 업데이트를 지속적으로 제공하는 이점을 안겨주었습니다. 또한, 클라우드 기반의 협업 도구를 통해 사용자들은 장소와 시간에 구애받지 않고 효율적으로 업무를 수행할 수 있게 됐습니다.

「마이크로소프트」의 구독 모델 도입은 전통적인 소프트웨어 판매 모델에서 구독형 서비스로의 성공적인 변화를 보여주는 대표 사례로 평가받고 있습니다.

4. 신사업 모델 개발

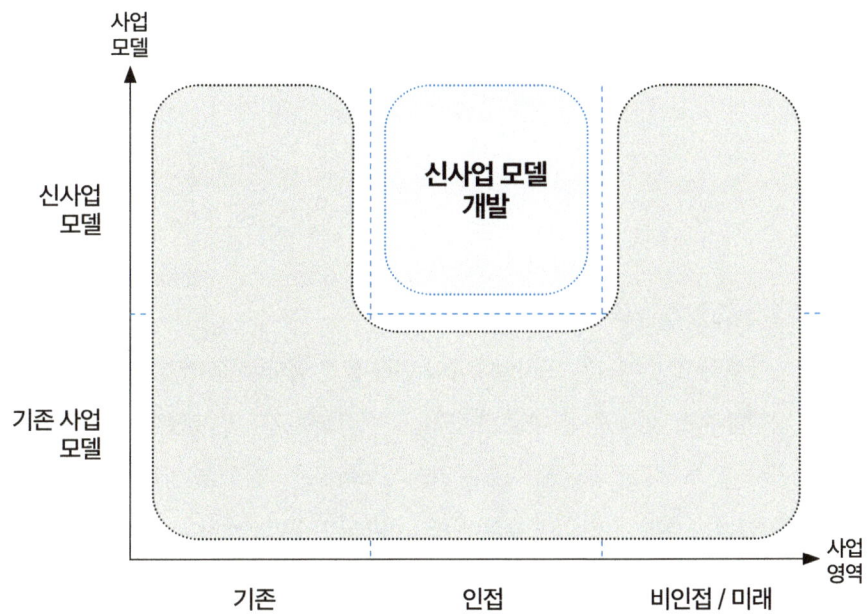

신사업 모델은 동일한 조건이라면 기존 사업 영역에서 우선 출발하는 것을 추천합니다. 그러나 이미 기존 사업 영역에서 신사업 모델을 여러 차례 도입해 시장 검증을 진행했거나, 인접 사업 영역에서 높은 성장성과 수익성을 기대할 수 있는 시장이 발생하거나 곧 태동할 것으로 예상되는 경우에는 인접 사업 영역으로 신사업 모델 진출을 검토할 수 있습니다.

이 경우 주요 과제 중 하나는 신사업 추진 역량을 확보하는 것입니다. 따라서 가능하면 기존 사업 역량을 최대한 활용하거나, 전문가를 최소한으로 영입해 추진하는 것이 바람직합니다. 또한, 보다 적극적인 투자 방식으로는 전략적으로 시장 선도 업체와 '조인트 벤처(합작 투자)'나 '지분 교환' 방식으로 제휴해 신사업 투자 부담과 리스크를 함께 분담하거나, 해당 사업 영역의 우량 기업에 투자하는 방식도 고려할 수 있습니다.

'외부 투자'는 외부 환경 변화에 빠르게 대응할 수 있고, 단기간에 사업을 내재화할 수 있다는 장점이 있습니다. 그러나 적정 투자 대상을 발굴하는 것은 어려운 과제이며, 투자 전문 역량을 기업 내부에 갖춰야 하므로 대기업은 글로벌 컨설팅 업체를 주로 활용하는데도 실행에 많은 어려움을 겪고 있으며, 성공보다 실패 사례가 더 많은 것이 현실입니다.

인접 사업 영역에 신규 사업 모델을 성공적으로 진출한 몇 가지 사례를 소개해 드리겠습니다.

아마존의 AWS 클라우드 서비스 확장

「아마존」은 독자 할인 행사인 '프라임데이'나 연말 할인 행사를 할 때면 소비자들의 대규모 구매가 발생합니다. 「아마존」은 이를 안정적으로 서비스하고자 2000년대 초반부터 자사 서비스를 일시적으로 대규모 확장할 수 있는 기술과 노하우를 개발했습니다. 이후 이를 외부 기업에도 제공하기 시작한 것이 아마존 클라우드 서비스인 'AWS(Amazon Web Services)'의 출발점입니다.

「아마존」은 고객의 다양한 요구를 충족시키고자 단순히 컴퓨팅 파워와 스토리지 제공을 넘어 데이터 분석, 머신러닝, IoT, 보안, AI까지 다양한 클라우드 솔루션을 지원합니다.

클라우드 서비스 등장 이전까지 기업들의 IT 투자 방식은 실제 사용량과 무관하게 하드웨어와 소프트웨어를 선투자하고, 매년 유지보수 계약을 맺는 형태였습니다. 그러나 'AWS'는 사용한 만큼 비용을 지불하는 '종량 과금제(Pay as you go)'를 도입하고 사용량이 많을수록 단가가 낮아지는 '대량 할인' 정책과 장기 약정을 통한 비용 절감 옵션 등을 제공해, 기업이 IT 투자를 더욱 효율적으로 운영할 수 있도록 했습니다.

레고의 종합 엔터테인먼트 사업 확장 사례

「레고」는 1932년 목제 장난감으로 시작해 1958년 플라스틱 블록의 표준화를 도입하며 브랜드 가치를 확립했으며, 다양한 테마와 시리즈로 폭넓은 수요를 충족시켰습니다. 이후 교육,

디자인, 문화 콘텐츠와의 연계를 통해 브랜드 충성도를 높이는 데 기여했습니다.

또한, '레고 무비' 시리즈와 같은 미디어 및 게임 라이선스 사업 등으로 부가가치를 창출하며 팬층을 확대했습니다. 또한 '레고랜드' 테마파크와 온라인 커뮤니티로 브랜드 생태계를 확장해, 단순한 제품 판매를 넘어 문화와 경험을 제공하는 브랜드로 자리 잡았습니다. 이러한 전략은 「레고」가 시장 변화에 유연하게 대응하고 지속 성장할 수 있는 기반이 됐습니다.

네이버와 넷플릭스의 콘텐츠 협력

2024년 11월, 「네이버」와 「넷플릭스」는 전략적 파트너십을 맺고 '네이버 플러스 멤버십' 회원들에게 「넷플릭스」 이용권을 제공하기로 합의했습니다. 이는 국내 IT 플랫폼과 글로벌 OTT 서비스 간의 시너지 효과를 극대화해, 사용자들이 한층 풍부한 디지털 콘텐츠를 편리하게 즐길 수 있도록 돕는 데 목적을 두었습니다.

「네이버」는 자사의 유료 멤버십 서비스인 '네이버 플러스' 멤버십 경쟁력을 더욱 강화하고 세계적 OTT 선두 주자인 「넷플릭스」와 협력해, 월 4,900원의 구독료로 '넷플릭스 광고형 스탠드 요금제'를 선택할 수 있는 혜택을 마련했습니다. 이 요금제는 Full HD 화질에 동시 접속 2인, 무제한 모바일 게임 제공 등의 기능을 지원하지만, 시청 중 광고가 포함됩니다. 여기에 추가 금액을 지불하면 스탠더드나 프리미엄 요금제로 업그레이드할 수도 있습니다. 이를 통해 「네이버」는 유료 멤버십 회원들에게 글로벌 인기 콘텐츠를 보다 경제적인 방식으로 제공할 수 있게 돼 이용자 만족도를 높이고, 넷플릭스는 새로운 가입자를 확보해 시장 점유율을 확대했습니다.[16]

특히 국내 주요 IT 플랫폼 멤버십 서비스가 「넷플릭스」 이용권을 제공한 것은 이번이 처음이어서 업계의 이목이 쏠렸습니다. 앞으로도 양사는 지속적으로 협력해 디지털 콘텐츠 시장에서 더욱 혁신적인 사용자 경험을 제공할 계획이며, 이는 국내 플랫폼 기업과 글로벌 OTT 서비스 간 상호 보완적 강점을 결합해 시장 경쟁력을 높인 성공 사례로 평가받고 있습니다.

5. 미래 성장시장 트렌드 길목 지키기

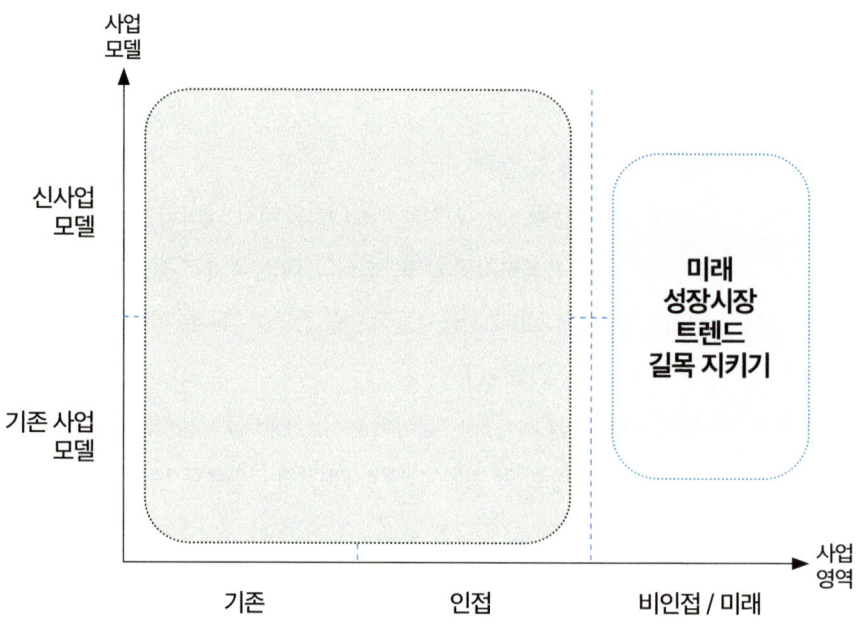

경험해 보지 않은 새로운 사업 영역으로 확장하거나, 아직 형성되지 않은 미래 시장을 예측해 신사업을 준비하는 경우, 성공 확률은 과연 어느 정도일까요?

이는 국내 대기업뿐만 아니라 글로벌 선도 업체에게도 어려운 과제입니다. 따라서 이러한 새로운 도전을 하려면 새로운 분야를 전문적으로 다룰 전담 인력과 기존 사업과 독립적으로 운영될 조직이 먼저 구성돼야 합니다. 또한, 비인접·미래 사업 영역에서 새로운 솔루션을 개발하려면 이를 책임지고 연구·개발할 전담 R&D팀과 시장을 발굴할 신사업 전담 조직이 필요합니다.

비인접 사업 영역에서도 자사만의 차별화된 강점과 협력 파트너를 결합해 새로운 고객 가치를 창출할 수 있다면, 신사업에 따르는 위험 부담을 크게 줄일 수 있습니다. 그러나 기업 간 파트너십은 언제든지 깨질 수 있는 '얇은 얼음 위를 걷는 것'과 같다는 점을 잊지 말아야 합니다. 작은 균열이 빠르게 확산할 수 있으므로 세심한 관리가 필요합니다.

아직 신사업에 충분히 투자할 재정적 여력이 없는 기업이라면, CEO 직속의 소규모 인력으로 구성된 시장 조사팀(Market Intelligence Team)을 먼저 구축하는 것을 고려해 볼 수 있습니다. 이 팀은 관련 산업의 특성과 환경을 면밀히 파악하고, 수많은 정보 중 기업의 목표와 역량에 부합하는 시장/경쟁사/고객 정보를 선별해 수집해야 합니다.

이후, 수집된 정보를 기업의 전략 목표에 맞춰 가공·분석해 새로운 사업 기회를 탐색하는 의사 결정 과정에 반영하는 것이 핵심입니다. 특히, 시장 조사팀은 인터넷상의 정보와 빅데이터뿐만 아니라 투자 업계와의 인적 네트워크를 적극 활용함으로써 보다 신뢰할 수 있는 정보를 얻을 수 있습니다. 이러한 시장 조사 활동을 꾸준히 수행하면 기존 사업뿐만 아니라 인접, 비인접 사업, 그리고 미래 신사업의 최신 트렌드까지 자연스럽게 파악할 수 있습니다.

다음은 미래 성장시장의 길목 지키기로 신사업을 추진해 성공한 사례들입니다.

LG그룹의 자동차 배터리 사업 준비

「LG」 그룹은 전기차로의 전환을 생각하기 어려웠던 1992년 고(故) 구본무 회장의 지시에 따라 리튬이온 배터리 연구를 시작하며 배터리 산업에 진출했습니다.

1999년에는 대한민국 최초로 리튬이온 배터리의 양산에 성공했고, 2009년에는 세계 최초의 양산형 전기차인 GM의 쉐보레 볼트(Volt)에 배터리를 공급하며 전기차 시장의 핵심 부품인 자동차용 배터리 시장의 길목을 지키는 데 성공하며 글로벌 시장에서 입지를 다졌습니다.

이후 「LG화학」은 배터리 사업의 전문성과 효율성을 높이고자 2020년 12월 1일 배터리 사업 부문을 분사해 「LG에너지솔루션」을 공식 출범시켰습니다. 이후 전기차, 에너지 저장 시스템(ESS), IT 및 소형 기기 등 다양한 분야에서 배터리 솔루션을 제공하며 글로벌 시장에서의 경쟁력을 강화하고 있습니다. 또한, 2022년 1월에는 주식 시장에 상장해 단숨에 시가총액 2위 기업으로 자리매김했습니다.

이러한 성공은 초기부터 배터리 산업의 가능성을 믿고 대규모 적자가 발생하더라도 30년 이상 지속적인 투자와 연구개발을 이어온 「LG」 그룹의 전략적 판단과 뚝심 있는 실행력의 결과입니다.[17]

NVIDIA의 게임 그래픽 카드에서 AI GPU로의 혁신적 확장

「NVIDIA」의 'GeForce' 시리즈는 고성능 그래픽 연산으로 게이머들의 필수 장비가 됐습니다. 그리고 이 기술은 생성형 AI를 만나면서 AI 산업의 핵심으로 재탄생했습니다.

2006년 'CUDA' 아키텍처를 도입하며 GPU의 병렬 처리 능력을 범용 컴퓨팅에 적용한 것이 전환점이었습니다. 특히 2012년 'AlexNet'의 딥러닝 모델이 「NVIDIA」 GPU로 구현되며 이미지 인식 정확도를 급격히 향상한 사례는 AI 분야에서 GPU의 가능성을 입증했습니다. 이후 데이터센터 수요가 증가하자 「NVIDIA」는 고성능 컴퓨팅 및 AI 툴킷을 강화해 A100, H100 같은 데이터센터 전용 GPU를 출시함으로써 시장을 선점했습니다.

「NVIDIA」의 성공은 하드웨어뿐 아니라 소프트웨어 생태계 구축에 기반하고 있습니다. 'CUDA 플랫폼'은 개발자에게 AI 모델 최적화 도구를 제공하며 오픈소스 프레임워크(TensorFlow, PyTorch)와의 호환성을 확보해 사용자 기반을 확장했습니다.

'AWS'나 'MS Azure'와 같은 클라우드 업체의 협력으로 GPU 클라우드 서비스를 대중화했고, 'Omniverse 플랫폼'을 통해 '메타버스', 자율주행, '디지털 트윈' 등 미래 산업까지 포트폴리오를 확장하고 있습니다. 매년 매출의 20% 이상을 R&D에 투자하며 기술 격차를 유지하고 있습니다.

이러한 전략으로 주가는 2022년 11월 약 11달러에서 2025년 1월 약 144달러로 13배가 넘게 상승하는 결과로 이어졌으며 생성형 AI 시대를 주도하는 글로벌 1위 반도체 기업으로서 2024년 11월 '다우존스지수'에서 「인텔」을 제치고 새로 진입하게 됐습니다.

IonQ의 양자컴퓨터 상용화 가속

「IonQ(아이온큐)」는 2015년 미국 「메릴랜드 대학교」 연구진이 창업한 양자 컴퓨팅 스타트업으로, 2021년 양자 컴퓨터 업계 최초로 뉴욕증권거래소에 상장한 기업입니다. 「IonQ」는 기존 반도체 기반 큐비트가 아닌 이온 트랩 양자 컴퓨터 기술을 상용화해, AWS 및 MS Azure와 같은 주요 플랫폼에 클라우드 형식으로 양자 연산 서비스를 제공하며 기업과 연구 기관이 더 쉽게 양자 컴퓨팅을 활용할 수 있도록 지원하고 있습니다.

2025년 미국 공군 연구소에 미국 최초의 양자 컴퓨터를 구축했고 AI, 신약 개발 등 다양한 산업 분야에 양자 컴퓨터 기술을 적용했습니다. 2024년에는 양자 볼륨(Quantum Volume) 테스트에서 400을 기록해 업계 최고 수준의 연산 능력을 입증했습니다.[18]

또한, 큐비트 수와 오류율 측면에서 경쟁사 대비 월등한 성능을 보이며 양자 컴퓨팅 기술의 선두 주자로 자리매김했습니다. 뉴스위크, 포브스 등으로부터 2025년 혁신 기업으로 선정됐으며, 특히 양자 컴퓨팅의 상업적 활용 가능성과 지속적인 기술 발전을 인정받아 '세계에서 가장 영향력 있는 기술 스타트업 50'에 포함됐습니다. 또한, 미국 '국립 표준 기술연구소(NIST)'와 협력해 양자 컴퓨팅 표준화를 주도한 점이 높이 평가됐습니다.

「IonQ」의 사례는 불확실성이 높은 미래 기술 분야에서 지속적인 투자와 혁신을 통해 스타트업이 새로운 시장을 창출하고 선도할 수 있음을 보여줍니다.

지금까지 설명한 각 사업 영역에서의 신사업 추진 전략을 종합해 보면, 아래와 같은 프레임워크로 설명이 가능합니다. 하지만 변화무쌍하게 급변하는 최근의 기업 환경에서는 1:1식의 정답보다는 이러한 전통적인 전략 구사 방법을 사전에 이해하고, 시장의 인사이트를 높이면서 다양한 전략을 시도해 신사업의 성공을 추구해야 합니다. 신사업은 한 번의 시도로 되는 것이 아니라 계속되는 실패를 딛고 끈기와 열정을 가지고 추진해야만 성공 확률을 높일 수 있다는 점을 명심해야겠습니다.

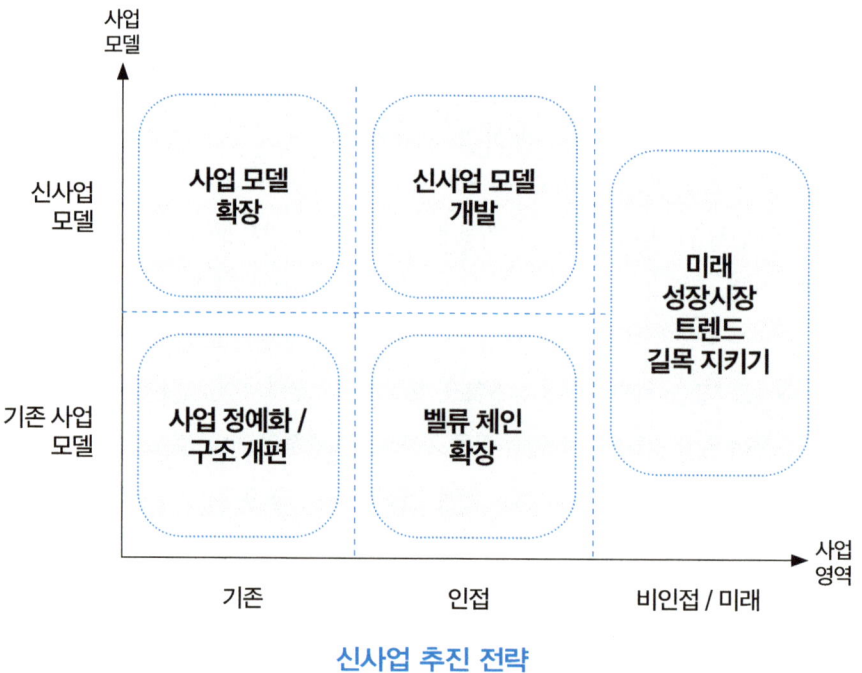

신사업 추진 전략

CHECK LIST

1. 신사업 포트폴리오는 사업 영역과 사업 모델의 조합에 따라 다양한 전략을 제시하며, 기존 사업 영역 및 모델에서의 강화 전략부터 비인접 미래 사업 영역까지 확장됩니다.
2. 기존 사업 영역에서 기존 모델을 활용하는 전략으로는 신제품 출시, 핵심 사업 집중, 그리고 사업 강화를 위한 중소기업 M&A 등이 있습니다.
3. 기존 사업 영역에서 인접 사업 영역으로 확장할 때는 기존 사업 모델을 활용해 핵심 역량을 강화하고 새로운 수익원을 발굴하는 밸류 체인 확장이 먼저 고려됩니다.
4. 새로운 사업 모델 도입은 기존 사업 영역에서 시작해 점차 인접 사업 영역으로 확장할 수 있으며, 외부 투자나 파트너십으로 추진 역량을 확보할 수 있습니다.
5. 경험해 보지 못한 비인접 사업이나 미래 시장 진출은 전담 조직과 R&D 투자가 필요하며, 초기 단계에서는 시장 조사팀을 구성해 사업 기회를 탐색하는 것이 중요합니다.

2.4 신사업 전략 실행

 수립된 신사업 전략을 실제 추진하는 방법에는 크게 회사 내 인력과 기술을 활용해 추진하는 '내부 육성', 회사 내 사업 역량이 부족할 경우 선도 업체와의 전략적 제휴 등을 추진하는 '외부 협력', 그리고 외부 업체에 직접 및 간접 투자를 해서 신사업 진출을 하는 '외부 투자'의 세 가지로 나누어 생각해 볼 수 있습니다.

 신사업 전략을 실행하려면 가장 먼저 현재 사업 역량이 객관적으로 시장 경쟁력이 있는지 평가해야 합니다. 현재 시장 경쟁력이 높은 사업 영역에서 신사업을 먼저 시도하는 것이 성공 확률을 높이는 방법이며, 기존 사업 중 사업 역량이 높은 영역에서는 내부 육성을 통한 신제품이나 새로운 사업 모델 추진에 기업의 역량을 집중해야 합니다.

 인접 사업 영역에서는 자사에 부족한 사업 역량을 '외부 협력'이나 '외부 투자'를 통해 보충할 수 있는데, 이 경우에도 자본이 압도적인 대기업이 아닌 경우에는 자사만의 우수한 사업 역량이 있어야 외부와의 협업이 가능합니다.

1. 내부 육성

 내부 육성은 기업이 자체적으로 신사업을 추진하는 전략입니다. 이는 사업 기획, 제품이나 서비스 개발, 그리고 판매까지 전 과정을 자체적으로 수행하는 방식입니다. 오랜 기간 축적된 기업의 지식과 경험, 그리고 시장과 고객에 대한 깊은 이해를 활용해 효과적인 전략 수립이 가능하며, 내부 인력을 활용함으로써 조직 문화와 업무 프로세스에 대한 이해도가 높아 신사업 추진 시 빠른 적응과 안정화가 가능합니다.

기업이 보유한 핵심 역량과 자원을 신사업에 적용해 시너지 효과를 창출할 수 있습니다. 예를 들어, 기존의 제조 기술을 활용해 친환경 제품을 개발하거나, IT 기업이 자체적인 데이터 분석 역량을 기반으로 새로운 플랫폼 사업을 확장하는 방식이 이에 해당합니다. 내부 인재를 신사업에 참여시킴으로써 구성원들에게 성장 기회를 제공하고, 이는 조직에 대한 충성심과 애착을 높인다는 장점이 있습니다.

하지만 내부 인력만으로는 외부의 새로운 아이디어나 기술을 수용하는 데 한계가 있을 수 있습니다. 이는 혁신 속도를 저하하거나 외부 변화에 민첩하게 대응하기 어렵게 합니다. 예를 들어, 급변하는 인공지능(AI) 기술이나 블록체인과 같은 신기술이 등장할 때, 내부 개발 역량만으로는 신속하게 도입하고 적용하는 것이 어렵다면 경쟁에서 뒤쳐질 위험이 있습니다. 또한, 신사업 추진 과정에서 기존 사업 부서와의 자원 배분이나 우선순위 설정 등에서 갈등이 발생할 수 있기에 신사업 개발에 필요한 자원과 시간이 부족할 경우 내부 육성 방식은 효과적인 결과를 도출하기 어려울 수 있습니다.

내부 육성 방식으로 신사업을 추진하는 방법은 다양하지만, 가장 접근하기 쉬운 방법은 신사업에 필요한 기술을 기존의 내부 연구개발팀이 자체적으로 개발하는 '자체 기술 개발' 방식입니다. 이를 통해 조직은 기술에 대한 독점적인 지위를 확보할 수 있으며, 특허나 라이선스로 추가적인 수익 창출이 가능합니다.

두 번째로는 신사업을 추진하는 별도의 팀을 구성하는 방식입니다. 기존 사업 부서와는 독립적으로 운영되며, 신속하게 의사 결정을 내리고 사업을 발전시킬 수 있는 장점이 있습니다. 별도의 전담팀은 사업 기획, 상품 기획, 개발, 마케팅/영업 인력의 전문 인력이 포함돼야 하며, 사내 벤처 방식으로 예산과 구성원에 대한 평가를 완전히 분리해 독립적으로 운영하는 방식도 가능합니다.

미국의 실리콘 밸리의 IT 기업들과 벤처들이 활용하는 신사업 추진 방법 중 참조할 만한 대표적 방법들은 '디자인 씽킹(Design Thinking)', '애자일 소프트웨어 개발(Agile Software Development)', '린 스타트업(Lean Startup)'이 있습니다.

이들 방법은 기업이 빠르게 변화하는 시장에 적응하고 혁신적인 아이디어를 실험하며 고객 중심의 접근 방식을 강화하는 데 도움이 될 수 있습니다.

디자인 씽킹

'디자인 씽킹(Design Thinking)'은 고객을 '사용자 관점'에서 이해하려는 방법론으로, 사용자의 요구와 문제를 깊이 이해하고 이를 기반으로 창의적인 해결책을 도출하는 인간 중심의 문제 해결 방법론입니다. 이 접근법은 '공감', '문제 정의', '아이디어 도출', '프로토타입 제작', '테스트'의 5단계로 구성되며, 반복적인 피드백을 통해 최적의 솔루션을 개발합니다.

이 방법은 디자이너의 생각 방식을 신제품/신사업 개발 방법으로 확대한 개념이며, 「애플」최초의 마우스와 노트북을 디자인했던 미국의 「아이디오(IDEO)」에서 사용한 방법론으로 유명합니다. '디자인 씽킹'과 관련해서는 「아이디오」와 「스탠퍼드 대학교」의 '디스쿨(D.School)'에서 만들어낸 구체적인 방법론들이 현재 널리 알려져 있으며, 한글로 번역된 문서와 실제 디자인 씽킹을 실습해 볼 수 있는 구체적인 가이드는 부록에서 좀 더 자세하게 설명하겠습니다. 한 가지 재미있는 점은 미국의 소프트웨어 회사 「SAP」를 공동 창업한 '하쏘 플래트너(Hasso Plattner)'가 「아이디오」의 '디자인 씽킹' 방법론에 감명을 받아 이를 널리 퍼뜨릴 목적으로 2005년에 미국의 「스탠퍼드 대학교」에 기부한 일이 '디스쿨'이 만들어지는 기반이 됐다는 것입니다.

애자일 소프트웨어 개발

애자일 소프트웨어 개발(Agile Software Development)은 2001년 2월, 미국 유타주 스노우버드에서 17명의 소프트웨어 개발자가 발표한 '애자일 선언문(Agile Manifesto, https://agilemanifesto.org/)'에서 시작됐습니다. 애자일 선언문은 기존의 경직된 개발 방식의 한계를 극복하고, 변화하는 요구 사항에 신속하게 대응할 수 있도록 새로운 접근법을 제시했습니다.

전통적인 소프트웨어 방법론들이 변화에 민첩하게 대응하지 못하는 한계가 있었기 때문입니다. 이를 극복하고자 반복적이고 점진적인 개발 방식을 추구하는 애자일 방법론이 부상하게 됐습니다.

애자일 방법론의 핵심은 개인과의 상호작용을 프로세스와 도구보다 중시하는 것입니다. 또한, 작동하는 소프트웨어를 포괄적인 문서보다 우선시합니다. 고객과의 협력을 계약 협상보다 중요하게 여기며, 계획을 따르기보다 변화에 대응하기를 강조합니다.

고객과 함께 2주 정도 테스트 우선 개발을 진행하는 '익스트림 프로그래밍(Extreme Programming)', 30일마다 동작 가능한 소프트웨어를 개발하는 '스크럼(Scrum)' 등 이러한 원칙을 실천하는 다양한 방법론이 활용되며, 각 방법은 짧은 개발 주기, 지속적인 피드백, 팀의 자율성과 책임 등을 강조해 소프트웨어 개발의 효율성과 품질을 높입니다.

린 스타트업

'린 스타트업(Lean Startup)'은 실리콘밸리의 기업가 '에릭 리스(Eric Ries)'가 2011년 저서 『린 스타트업』에서 제시한 개념으로, 「도요타」의 '린 제조(Lean Manufacturing) 원칙'에서 핵심적인 낭비 제거 및 지속적 개선 개념을 차용해 스타트업 경영에 적용한 방법론입니다. 이는 불확실한 환경에서 신속한 실험과 학습으로 제품 개발과 비즈니스 모델 구축을 효율적으로 추진하려는 접근법입니다. '린 스타트업'은 초기 단계에서 '최소 기능 제품(MVP, Minimum Viable Product)'을 빠르게 개발해 시장에 출시하고, 고객의 피드백을 통해 제품을 지속적으로 개선하는 과정을 강조합니다.

'린 스타트업'의 핵심 방법론은 '제작-측정-학습(Build-Measure-Learn)'이라는 반복적인 피드백 루프에 기반을 둡니다. 먼저, 최소 기능 제품(MVP)을 제작하고 고객 반응을 분석하며 데이터를 측정합니다. 그 후, 수집된 데이터를 분석해 제품이나 서비스의 개선 방향을 학습하고, 이를 바탕으로 제품이나 서비스를 개선하거나 피벗(pivot)해 시장의 요구에 부응하는 방향으로 나아갑니다. 이러한 과정을 반복함으로써 스타트업은 자원 낭비를 최소화하고, 시장 변화에 신속하게 대응하며 성공 가능성을 높일 수 있습니다.

그럼 국내외 기업들의 적용 사례를 알아보도록 하겠습니다.

구글의 스프린트 프로세스

「구글」의 '스프린트(Sprint)' 프로세스는 2007년 「구글」에 입사한 수석 디자이너 '제이크 냅(Jake Knapp)'이 개발한 방법론으로, '디자인 씽킹' 기법을 기반으로 단 5일 만에 중요한 문제를 해결하고 아이디어 스케치부터 프로토타입 테스트까지 진행하도록 한 혁신적인 프로젝트 수행법입니다. 이 프로세스는 「구글」의 내부 서비스 개발에 활용됐으며, 이후 「메타」, 「우버」, 「에어비앤비」 등 다양한 기업에서도 활용돼 그 효과가 입증됐습니다.

'스프린트' 프로세스는 월요일부터 금요일까지 진행되며, 요일마다 특정한 목표를 설정합니다. 월요일에는 문제를 정의하고 목표를 설정하며, 화요일에는 각자의 아이디어를 스케치합니다. 수요일에는 최적의 솔루션을 선정하고, 목요일에는 프로토타입을 제작합니다. 마지막으로 금요일에는 실제 사용자와의 테스트를 통해 피드백을 수집합니다. 이러한 집중적인 5일간의 과정을 통해 팀은 신속하게 아이디어를 검증하고, 제품 개발의 방향성을 결정할 수 있습니다.[19]

아마존의 워킹 백워드 프로세스

「아마존」의 '워킹 백워드(Working Backwards)' 프로세스는 고객 중심 철학을 실현하기 위해 개발된 제품 개발 방식입니다. 이는 고객의 요구를 사전에 파악하고, 이를 충족할 수 있도록 제품 기획 단계에서부터 최종 결과물을 거꾸로 설계하는 접근법입니다.

이는 제품이나 서비스 개발을 아이디어에서 시작하는 전통적인 접근법과 달리, 고객의 필요와 불편사항(Pain Point)을 출발점으로 삼아 역방향으로 진행됩니다. 이러한 접근법은 「아마존」의 창립자 '제프 베조스(Jeff Bezos)'가 강조한 "우리는 경쟁자가 아닌 고객에게 집착한다"라는 철학을 기반으로 고객의 요구를 최우선으로 고려하는 기업 문화를 반영합니다.

'워킹 백워드' 프로세스의 핵심은 제품 개발 초기 단계에서 가상의 '보도자료(Press Release)'와 '자주 묻는 말(FAQ)'을 작성하는 것입니다. 이는 제품이 출시됐을 때 고객이 접하게 될 정보를 미리 구성함으로써, 개발팀이 고객 관점에서 생각하고 그들의 기대와 요구를 명확히 이해하도록 돕습니다.

이러한 문서 작성은 제품의 최종 목표와 핵심 기능을 명확히 정의하고, 팀 내에서 일관된 비전을 공유하는 데 기여합니다. 이를 통해 「아마존」은 고객의 진정한 요구를 반영한 제품과 서비스를 효율적으로 개발하며, 불필요한 자원 낭비를 최소화하고 있습니다. '워킹 백워드'의 실제 적용 관련해서는 부록에 좀 더 상세한 내용을 추가했습니다.[20]

마이크로소프트의 '개러지' 프로그램

「마이크로소프트」의 '개러지(Garage)' 프로그램은 2009년 오피스 사업부에서 시작된 사내 혁신 프로젝트로, 직원들이 창의적인 아이디어를 실험하고 개발할 수 있는 공간을 제공한다는 목적으로 설립됐습니다. 초기에는 직원들이 업무 외 시간에 개인 또는 소규모 그룹으로 참여하는 '사이드 프로젝트' 형태로 운영됐으며, 이를 통해 다양한 아이디어가 현실화했습니다. 이러한 문화는 「마이크로소프트」의 창립자 '빌 게이츠'가 차고에서 회사를 시작한 역사와도 연결되며, 직원들의 자발적인 참여와 혁신을 장려하는 기업 문화로 자리매김했습니다.

'개러지' 프로그램의 핵심 방법론은 직원들이 자발적으로 아이디어를 제안하고, 이를 신속하게 프로토타입으로 개발하며, 실제 사용자들의 피드백을 통해 개선하는 과정입니다. 이를 위해 「마이크로소프트」는 전 세계에 개러지 공간을 마련해 직원들이 다양한 도구와 자원을 활용할 수 있도록 지원하고 있습니다. 또한, 개러지 프로그램은 '해커톤'과 같은 이벤트로 직원들의 창의성과 협업을 촉진하며, 실패를 두려워하지 않고 지속적으로 도전하는 문화를 조성하고 있습니다. 이러한 접근법은 「마이크로소프트」가 빠르게 변화하는 기술 환경에서 지속적으로 혁신하고, 다양한 플랫폼에서 경쟁력을 유지하는 데 중요한 역할을 하고 있습니다.[21]

최근 국내 대기업들은 글로벌 기업들의 성공 사례를 참고해 혁신적인 업무 수행 방식과 개발 프로세스를 적극적으로 도입하고 있습니다. 특히, 빠르게 변화하는 시장 환경에 대응하고 고객 중심의 제품 및 서비스를 제공하는 꼭 필요한 방법론으로 인식하고 있습니다.

2. 외부 협력

기업이 지속적으로 성장하고 경쟁력을 유지하려면 외부 자원과 역량을 효과적으로 활용해야 합니다. 외부 협력을 통해 신사업을 추진하는 대표적인 방법으로 '전략적 파트너십(Strategic Partnership)'이 있습니다. 이는 독립적인 두 개 이상의 기업이 자원의 기술, 시장 접근성 등을 공유하고 상호 협력해 공동 목표를 달성하고자 맺는 계약적 관계입니다.

각 기업이 단독으로 경쟁 우위를 강화하거나 새로운 시장에 진출하기 어려울 때 핵심 전략으로 활용되는데 예를 들어, 자동차 제조업체가 전기차 배터리 기술을 보유한 기업과 협력해 혁신적인 제품을 개발하거나, 글로벌 유통망을 가진 기업이 지역 중소기업과 협력해 새로운 시장에 진출하는 사례가 이에 해당합니다. 이러한 '전략적 파트너십'은 기업들이 시장 진입 장벽을 효과적으로 극복할 수 있도록 하며, 비용 효율성을 높이고 리스크를 분산하는 데 도움을 줍니다. 특히 글로벌 시장의 경쟁이 치열해짐에 따라, 다양한 산업에서 전략적 파트너십은 성장과 혁신의 주요 동력으로 자리 잡고 있습니다.

'전략적 파트너십'의 장점으로는 첫째, 각 기업은 자본, 기술, 인력 등을 공유함으로써 연구개발 속도를 높이며, 단독으로는 불가능한 규모의 사업을 추진할 수 있게 됩니다.

둘째, 초기 투자 비용과 리스크를 분산할 수 있어 신사업 추진의 부담을 줄일 수 있습니다.

셋째, 기업이 상대 파트너의 네트워크를 활용해 새로운 해외 시장에 접근할 기회를 제공합니다.

마지막으로 '전략적 파트너십'을 통해 기업 간의 기술, 아이디어 및 정보 교류가 활성화되며, 이를 통해 혁신을 촉진할 수 있습니다. 파트너들이 각자의 핵심 역량을 결합해 새로운 비즈니스 모델이나 기술을 개발할 수 있습니다.

하지만 이런 장점에도 불구하고 단점도 존재합니다. 다수의 기업이 참여하는 파트너십에서는 의사 결정 과정이 복잡해지고 지연될 수 있습니다. 특히, 신속한 의사 결정이 필요한 사업 환경에서는 이러한 지연이 경영 성과에 부정적인 영향을 미칠 수 있습니다. 또한, 파트너 간 자원이나 역량 차이가 클 경우 자원 분배의 불균형이 발생할 수 있으며, 이는 파트너십의 성공 가능성을 저해할 수 있습니다.

특히, 글로벌 파트너십에서는 기업 문화 및 경영 방침의 차이로 갈등이 발생할 가능성이 큽니다. 이러한 갈등은 프로젝트 진행 속도와 성과에 부정적 영향을 줄 것이며, 원활한 협력을 방해할 수 있습니다. 그뿐만 아니라, 파트너와의 협력 관계에 지나치게 의존하면 기업이 독립적으로 전략을 수립하거나 실행하는 데 제약이 생길 수 있습니다. 이는 장기적으로 기업의 자율성과 경쟁력을 저해하는 요인이 됩니다.

전략적 파트너십에는 다음처럼 다양한 방법이 실제 기업 현장에서 자주 활용되고 있습니다.

조인트 벤처(Joint Venture)

조인트 벤처는 두 개 이상의 기업이 공동 투자해 특정 사업을 추진하는 새로운 회사를 설립하는 방식입니다. 각 기업은 지분을 소유하며, 협력 체계를 통해 목표를 달성하려 합니다. 이 방식은 파트너 간 책임과 이익 분배가 명확하게 정의되므로, 대규모 프로젝트에 적합합니다.

라이선싱(Licensing)

'라이선싱'은 한 기업이 다른 기업에 자사의 상표, 기술, 노하우 등의 사용 권한을 부여하는 방식입니다. '라이선싱'을 통해 기업은 시장에 신속하게 진출할 수 있습니다. 이 방식은 자원의 투입을 최소화하면서도 새로운 시장을 개척할 수 있는 효과적인 방법입니다. 특히 브랜드 가치가 중요한 산업에서 많이 활용됩니다.

공동 마케팅(Co-Marketing)

공동 마케팅은 두 기업이 각자의 제품이나 서비스를 가지고 공동 캠페인을 진행해 시너지를 창출하는 방식입니다. 서로 다른 산업의 기업이 협력함으로써 소비자들에게 더 넓은 선택권과 가치를 제공합니다. 이 방식은 마케팅 비용을 절감하면서도, 각 기업이 상호 보완적인 고객층을 확보하는 장점이 있습니다.

공동 개발(Co-Development)

공동 개발은 두 개 이상의 기업이 연구개발(R&D) 자원과 기술을 결합해 새로운 제품이나 기술을 개발하는 방식입니다. 각 기업은 자사의 핵심 역량을 활용해 협력하며, 성공적인 결과물을 도출합니다. 이 방식의 장점은 기술 혁신을 가속화하고, R&D 비용을 절감할 수 있다는 점입니다.

공급망 파트너십(Supply Chain Partnership)

공급망 파트너십은 원자재 공급부터 최종 제품의 생산과 유통까지 협력하는 방식으로, 효율적인 공급망 관리로 비용 절감과 품질 향상을 도모합니다. 예를 들어, 자동차 제조업체는 부품 공급 업체와 긴밀하게 협력해 원가를 절감하고, 품질을 유지하면서도 생산 효율성을 높일 수 있습니다. 또한, 글로벌 유통 기업은 물류 분야에서 파트너십을 맺음으로써 배송 시간을 단축하고, 고객 서비스의 질을 향상합니다. 공급망 파트너십으로 안정적인 재고 확보와 빠른 배송이 가능해지며, 고객 만족도를 높일 수 있습니다.

배타적 파트너십(Exclusive Partnership)

배타적 파트너십은 특정 파트너와 독점적 협력 관계를 맺어 경쟁 기업의 진입을 제한하고, 안정적인 시장 점유율을 확보하는 방식입니다. 신뢰를 바탕으로 장기적인 협력을 촉진하며, 파트너 간 관계가 심화할수록 시너지가 증가합니다. 그러나 한 기업에 과도하게 의존하면 협력 관계가 변할 경우 위험 요소가 될 수도 있으며, 경쟁이 제한됨에 따라 혁신이 둔화할 가능성도 존재합니다.

이러한 다양한 방식의 '전략적 파트너십'은 기업들이 개별적으로 접근하기 어려운 자원과 시장에 쉽게 접근할 수 있도록 돕는 중요한 전략적 수단입니다. 특히 외부 협력의 중요성이 강조되는 오늘날 비즈니스 환경에서 필수적인 경영 전략으로 자리 잡고 있습니다. 그럼 몇 가지 사례들을 살펴보도록 하겠습니다.

LG U+와 카카오모빌리티의 전기차 충전 조인트 벤처 협력

「카카오모빌리티」와 「LG U+」는 전기차 충전 인프라를 구축하고자 2023년 7월 합작 투자 계약을 체결하고, 2024년 4월 「공정거래위원회」의 승인 후 합작 법인을 설립했습니다. 전기차 보급이 늘어나자 충전 인프라의 중요성이 커지고 있습니다. 이에 「카카오모빌리티」는 모빌리티 플랫폼 운영 경험을, 「LG U+」는 통신 인프라 구축 역량을 결합해 경쟁력을 강화하고자 했습니다. 이를 통해 사용자에게 더욱 편리한 충전 서비스를 제공할 계획입니다.

합작 법인은 「LG U+」의 기존 전기차 충전 사업을 이관받아 운영하며, 「카카오모빌리티」의 플랫폼은 충전소 검색, 예약, 결제 등 통합 서비스를 제공합니다. 사용자들은 '카카오내비' 앱으로 손쉽게 전기차 충전소를 찾고 이용할 수 있게 됐으며, 양사의 협력은 전기차 충전 시장에서 혁신적인 서비스 제공과 경쟁력 강화를 끌어냈습니다.[22]

화이자와 바이온텍의 코로나백신 공동 개발

「화이자(Pfizer)」와 「바이온텍(BioNtech)」의 'mRNA' 코로나19 백신 공동 개발은 전략적 파트너십의 혁신적 성공 사례로 평가됩니다. 2020년 초 팬데믹 위기 속에서 두 기업은 각자의 핵심 역량을 결합해 혁신적 백신 개발에 착수했습니다. 「화이자」는 대규모 임상 시험 운영, 글로벌 규모의 생산, 유통 인프라, 규제 승인 경험을 제공했으며, 「바이온텍」은 10년 이상 연구한 mRNA 플랫폼 기술을 기반으로 백신 설계를 주도했습니다.

양사는 리스크 분담과 자원 공유 모델을 채택해 개발 기간을 기존 백신 대비 5분의 1로 단축했고, 11개월 만에 긴급 사용 승인을 획득하는 기록을 세웠습니다. 특히 계약 단계부터 기술 이전, 생산 확장, 데이터 투명성 등 구체적 실행 계획을 수립해 신속한 의사 결정과 협업 효율성을 확보했습니다.

이 협력은 단순한 기술 교류를 넘어 글로벌 보건 위기 대응의 새로운 패러다임을 제시했습니다. 「화이자」의 글로벌 네트워크와 「바이온텍」의 첨단 기술이 융합한 결과로 150개 이상 국가에 백신을 공급해 인류사적 위기 극복에 기여했습니다. 더욱이 mRNA 기술의 상용화 성공으로 암이나 희귀병 치료제 개발까지 연구 지평을 확대했으며, 제약 산업 내 오픈 이노베이션 문화 확산에 결정적 영향을 미쳤습니다.[23]

이 사례는 위기 상황에서 기업 간 신뢰 기반의 전략적 협력이 얼마나 혁신적인 성과를 창출할 수 있는지를 입증하했으며, 신사업 추진 시 파트너십 설계에서 목표를 일치시키고, 역량의 상호 보완을 추구하며, 유연한 실행 체계를 갖추는 게 핵심 요소임을 시사했습니다.

크로거와 오카도의 AI와 로봇 기반 물류 혁신 협력

미국 최대 슈퍼마켓 체인인 「크로거(Kroger)」와 영국 AI 로봇 물류 스타트업 「오카도(Ocado)」의 '전략적 파트너십'은 디지털 전환 시대의 혁신적 협력 모델로 주목받고 있습니다. 2018년 체결된 이 협약은 「크로거」가 「오카도」의 첨단 물류 기술을 독점적으로 도입해 온라인 식품 유통 경쟁력을 강화한 사례로 평가됩니다.

「오카도」의 자동화 창고 시스템과 AI 기반 주문 처리 플랫폼은 「크로거」의 기존 공급망을 혁신적으로 개선했습니다. 특히 로봇 팔과 드론을 활용한 재고 관리 및 배송 최적화 기술은 인건비 절감과 운영 효율성 향상을 동시에 달성했습니다. 이를 통해 「크로거」는 2시간 내 신선식품 배송 서비스인 'Kroger Delivery'를 전국적으로 확장해 e-커머스 시장 점유율을 15% 이상 성장시켰습니다. 양사의 협력은 단순 기술 도입을 넘어 공급망 디지털 트윈 구축, 예측 분석 기반 수요 계획 등 종합적 혁신을 추진한 점에서 차별화됩니다.

이 파트너십의 성공 요인은 상호 보완적 역량 결합에 있습니다. 「크로거」는 전국 2,800개 매장 네트워크와 고객 데이터를 제공하고, 「오카도」는 AI 알고리즘과 로봇 물류 인프라를 공급하며 시너지를 극대화했습니다. 주목할 점은 「오카도」 솔루션이 「크로거」의 지역별 판매 패턴에 맞춤형으로 적용되며 30% 이상의 재고 회전율 개선을 끌어낸 사실입니다. 또한 클라우드 기반 실시간 재고 관리 시스템 도입으로 폐기물을 18% 감소시키는 동시에 제품 가용성은 95% 이상 유지하는 성과를 달성했습니다.[24]

3. 외부 투자

신사업을 추진하는 방법 중 '외부 투자(Inorganic Growth)'는 새로운 사업 기회를 확보하거나 신시장에 빠르게 진입하고자 외부 자원을 활용해 성장하는 전략을 의미합니다.

일반적으로 내부 자원을 활용해 유기적으로 성장하는 '내부 육성(Organic Growth)'과는 달리, '외부 투자'는 기업 인수·합병(M&A), 전략적 투자, 기업형 벤처 캐피털(CVC) 운영 등을 통해 실행합니다.

'외부 투자' 전략은 기업이 변화하는 시장 상황에 빠르게 대응할 수 있는 효과적인 방법이며, 특히 최근과 같이 급변하는 디지털 환경에서는 속도와 경쟁력을 확보할 필수 전략입니다.

기업이 '외부 투자'를 선택하는 주요 이유는 신속한 시장 확대와 기술 확보입니다. 외부 기업을 인수해 단기간에 신규 사업에 필요한 기술, 인력, 고객 기반을 확보할 수 있으며, 이를 통해 시간과 비용을 절감할 수 있습니다. 예를 들어, 특정 기술을 내부적으로 개발하는 데 수년이 걸릴 수 있지만, 해당 기술을 보유한 스타트업을 인수하면 즉각적인 활용이 가능합니다.

'외부 투자'의 장점 중 첫 번째는 새로운 시장에 빠르게 진입할 수 있다는 점입니다. 기업이 특정 시장에서 입지를 확대하거나 신기술을 확보하려 할 때 외부 업체를 인수하거나 투자하면 내부 역량을 육성하는 데 소요되는 시간을 절약할 수 있습니다. 예를 들어, 글로벌 대기업들이 신흥 시장에 진출할 때 현지 기업을 인수해 기존 인프라와 고객 기반을 활용하는 경우가 많습니다.

두 번째 장점으로는 기존 사업과는 다른 자원의 확보입니다. 예를 들어, 제약 기업이 바이오테크 스타트업을 인수해 생명과학 연구 역량을 확장하는 경우가 대표적입니다. 이를 통해 기업은 혁신적인 기술 및 아이디어를 내부로 유입하고, 기존의 연구개발 자원과 통합해 시너지를 창출할 수 있습니다.

마지막으로 기업이 경쟁사보다 앞서 나갈 기회를 제공합니다. 특히 디지털 기술의 급속한 발전 속에서, 경쟁사보다 먼저 핵심 기술을 확보함으로써 시장에서 선도적 위치를 차지할 수 있습니다.

하지만 이러한 '외부 투자'에도 몇 가지 주의할 단점이 있습니다. 외부 업체와의 통합 과정에서 발생하는 충돌이 대표적 문제로 꼽힙니다. 문화적 차이, 운영 방식의 불일치, 리더십 충돌 등이 주요 장애 요인이 될 수 있으며, 이는 성과와 혁신에 부정적인 영향을 미칠 가능성이 큽니다. 따라서 인수 후 통합이 성공하느냐의 여부는 '외부 투자' 전략의 성패를 좌우하기 때문에 인수 기업과 피인수 기업의 조직, 업무 프로세스, 시스템 등을 통합해 시너지를 창출하고 기업 가치를 극대화하는 PMI(Post-Merger Integration) 프로세스를 사전에 준비하고 철저히 실행할 필요가 있습니다.

또한, 인수 및 합병에는 상당한 비용이 소요됩니다. 기업은 인수 대상의 가치를 평가하고, 인수 과정에서의 법적, 규제적 요구 사항을 준수하는 데 필요한, 막대한 자금을 투입해야 합니다. 이러한 자본 부담은 재무적 리스크로 작용할 수 있으며, 예상치 못한 비용이 추가로 발생할 가능성도 존재합니다. 특히 글로벌 시장에서는 각국의 규제와 법적 문제에 직면할 수 있어 더욱 신중한 접근이 필요합니다. 외국 기업을 인수하거나 특정 기술을 이전할 때 각국 정부의 규제나 법적 제약을 준수해야 하며, 이는 사업 확장에 예상치 못한 걸림돌이 될 수 있습니다.

신사업 추진을 위한 외부 투자 전략의 대표적인 세 가지 유형으로는 '간접 투자', '자체 CVC 운영', '직접 투자'가 있습니다.

간접 투자

간접 투자는 외부의 투자 펀드에 출자하거나 전략적 투자 회사와 협력해 특정 산업 또는 기업에 간접적 자본 투자를 하는 것을 의미합니다. 연기금이나 기관 투자자가 벤처 캐피털 펀드에 출자해 스타트업에 간접적으로 투자하는 것이 대표적인 사례입니다. 또한, 대기업이 신재생 에너지 프로젝트에 투자할 때 직접 발전소를 건설하는 대신, 전문 투자 펀드에 출자해 수익을 공유하는 방식도 이에 해당합니다.

이를 통해 기업은 위험을 분산시키고 동시에 다양한 신사업 기회를 탐색할 수 있습니다. 예를 들어, 많은 글로벌 대기업이 바이오 기술, 신재생 에너지와 같은 미래 유망 산업에 간접적으로 투자해 새로운 기회를 모색하고 있습니다. 간접 투자는 외부 전문가의 운영 역량을 활용할 수 있어 내부 자원의 소모를 최소화하는 이점이 있습니다.

자체 CVC 운영

'기업형 벤처 캐피털(Corporate Venture Capital, CVC)'은 대기업이 자체적으로 벤처 캐피털을 운영해 혁신적인 스타트업이나 신기술을 보유한 기업에 투자하는 방식입니다. 이 접근법은 기업이 성장 잠재력이 높은 분야에 선제적으로 접근할 수 있게 하며, 이를 통해 장기적인 사업 다각화를 추구합니다.

예를 들어, 「구글」의 벤처 캐피털 부문인 「구글 벤처스(GV)」는 AI, 생명과학, 기술 혁신 스타트업에 투자해 시장 변화를 선도하고 있습니다. '기업형 벤처 캐피털'을 운영하는 대기업은 시장 동향에 유연하게 대응할 수 있으며, 혁신 생태계 내에서 경쟁 우위를 확보할 수 있습니다. 그러나 초기 투자 비용이 많이 들고, 투자한 스타트업의 성장 여부가 불확실하다는 점이 단점으로 작용할 수 있습니다. 또한, 내부 의사 결정이 복잡해질 수 있으며, 전략적 목표와 벤처기업의 운영 방식이 충돌할 가능성도 존재합니다.

국내에서도 2021년 공정거래법 개정을 통해 지주회사의 '기업형 벤처 캐피털' 보유가 허용됐습니다. 이를 통해 대기업의 신속하고 적극적인 벤처 투자가 가능해졌으며, 이후 약 1년 반 만에 12개의 일반 지주회사 소속 '기업형 벤처 캐피털'이 설립됐으며 이 중 7개사가 약 130개 기업에 총 2조 1,118억 원을 투자한 것으로 나타났습니다.[25]

직접 투자

직접 투자는 외부 기업을 인수하거나 합병하는 형태로, 가장 전통적인 방법입니다. 기업이 즉각적인 통제권을 갖게 되며, 이를 통해 빠르게 성장을 이루거나 시장에서 입지를 강화할 수 있습니다. 직접 투자는 대규모 자본 투자가 필요하지만, 인수 대상 기업의 경영, 운영 방식을 신속히 통합해 기업의 기존 사업 전략에 즉각 반영할 수 있는 장점이 있습니다.

지금부터는 외부 투자의 대표적인 성공 사례를 알아보도록 하겠습니다.

마이크로소프트와 오픈AI의 협력

「마이크로소프트」와 「오픈AI」의 전략적 협력은 AI 분야의 혁신적 성공 사례로 평가됩니다. 「마이크로소프트」는 2019년 경쟁력을 강화하고자 비영리 AI 연구소인 「오픈AI」에 10억 달러를 투자하며 파트너십을 시작했고, 2023년 추가로 투자해 총 110억 달러 규모의 협력 관계를 구축했습니다. 이 투자에는 「마이크로소프트」의 클라우드 플랫폼인 '애저(Azure)'를 활용해 「오픈AI」의 생성형 AI 모델(ChatGPT)들을 통합하고, 이를 바탕으로 혁신적 서비스 개발 및 자사 제품군의 AI 기능 강화하려는 목적이 담겨 있습니다.[26]

실제로 「마이크로소프트」는 '빙(Bing)', '오피스 365' 등 주요 제품에 「오픈AI」의 기술을 접목해 사용자 경험을 획기적으로 향상하고, '코파일럿'과 같은 독자 AI 서비스를 운영하며 개발자와 기업 고객들에게 부가가치를 제공하고 있습니다.

이처럼 상호 보완적인 관계를 통해 「마이크로소프트」는 새로운 AI 시장에서 입지를 확고히 했고, 「오픈AI」는 「마이크로소프트」의 투자, 인프라, 자원을 활용해 연구개발을 가속하는 선순환 구조를 만들어내며 AI 혁신과 시장 경쟁력 강화라는 공동 목표를 효과적으로 달성하고 있습니다.

애플의 비츠(Beats) 인수

2014년 「애플」은 오디오 기기 및 음악 스트리밍 서비스 기업 「비츠 일렉트로닉스(Beats Electronics)」를 약 30억 달러에 인수했습니다. 이는 「애플」 역사상 최대 규모의 인수 중 하나로서, 음악 산업 내 입지를 강화하려는 전략적 결정이었습니다.[27]

「애플」은 그동안 '아이튠즈'를 통해 디지털 음악 시장을 대응해 왔으나, 스트리밍 서비스의 부상으로 새로운 도전에 직면했습니다. 「비츠(Beats)」는 헤드폰과 스피커 등으로도 유명하지만, '비츠 뮤직'이라는 스트리밍 서비스를 운영하고 있었습니다.

이 인수로 「애플」은 「비츠」의 프리미엄 오디오 기기를 자사의 하드웨어 제품군에 통합했고, 이는 「애플」의 디자인 철학과 결합해 혁신적인 제품 개발에 큰 도움이 됐습니다. 또한, '비츠 뮤직'의 기술과 인재를 토대로 2015년 '애플 뮤직'을 출시해, 글로벌 음악 스트리밍 시장에서 「스포티파이」와 함께 주요 서비스로 자리매김하게 됐습니다. 「비츠」의 임직원들은 애플의 음악 사업 전략 수립에 중요한 역할을 담당했으며, 이 협력은 제품 강화, 새로운 서비스 진출 및 인재 확보 등 다양한 시너지 효과를 창출해 애플의 지속 가능한 성장에 기여했습니다.

테슬라의 솔라시티 인수

2016년 11월, 「테슬라(Tesla)」는 태양광 에너지 서비스 기업 「솔라시티(SolarCity)」를 약 26억 달러에 인수했습니다. 이는 전기차 제조업체에서 종합 에너지 기업으로 도약하려는 전략적 결정으로, 「테슬라」는 전기차뿐만 아니라 에너지 저장 및 생산 분야로 사업을 확장하고자 했습니다. 「솔라시티」는 주택용 및 상업용 태양광 시스템 설치에 강점을 가진 선도 기업으로, 「테슬라」의 에너지 사업 확장에 적합한 파트너였습니다.

이 인수로 「테슬라」는 「솔라시티」의 태양광 패널과 자사의 파워월, 파워팩을 결합한 통합 에너지 솔루션을 제공할 수 있었습니다. 특히, '솔라 루프'는 전통적인 지붕과 유사한 디자인에서 태양광 에너지를 생산하는 혁신적인 제품으로, 에너지 생산과 건축 미학을 동시에 만족시켰습니다. 「솔라시티」의 고객 기반과 설치 네트워크를 활용해 「테슬라」는 에너지 시장에서의 점유율을 확대하고, 지속 가능한 에너지 솔루션을 제공하는 브랜드 이미지를 강화했습니다. 이 협력은 에너지 생산, 저장, 소비를 하나의 생태계로 구축하며, 고객들이 효율적인 에너지 활용을 가능하게 했다는 점에서 성공적인 전략적 파트너십으로 평가받고 있습니다.[28]

SK그룹의 하이닉스 인수

2012년 2월, 「SK」 그룹은 글로벌 반도체 시장에서 경쟁력 확보와 성장 동력 마련을 목표로 세계 2위의 D램 제조업체인 「하이닉스반도체」를 약 3조 3,747억 원에 인수하고 「SK하이닉스」로 개편하는 전략적 결정을 내렸습니다.

이 인수는 「SK」 그룹이 전통적인 내수 중심의 에너지 및 통신 분야에서 벗어나, 높은 부가가치와 폭넓은 성장 가능성이 있는 반도체 산업으로 진출하겠다는 의지의 표명으로 볼 수 있습니다. 당시 「하이닉스반도체」는 우수한 기술력과 확고한 시장 지위를 바탕으로 이미 글로벌 메모리 시장에서 두각을 나타내고 있었으며, 「SK」 그룹의 막대한 자본력은 대규모 설비 투자와 연구개발을 가능하게 함으로써 생산 공정 미세화와 고부가가치 제품 개발을 적극 지원했

습니다.[29]

인수 이후 「SK하이닉스」는 「SK」 그룹의 경영 노하우와 자원을 활용, 글로벌 시장에서 영업력과 공급망 관리 능력이 크게 향상되는 등 조직 전반의 경쟁력을 높였습니다. 이에 힘입어 'DDR5', 'HBM' 등 차세대 메모리 제품을 출시하며 기술적 리더십을 확보했고, 대규모 생산 능력을 확장해 글로벌 메모리 반도체 시장에서 점유율을 빠르게 확대했습니다. 그 결과, 2018년에는 영업이익 20조 원을 넘는 사상 최대 실적을 기록하며 「SK」 그룹의 반도체 분야 진출이 지속 가능한 성장 기반 조성에 결정적인 역할을 했음을 입증했습니다.

「SK하이닉스」의 도약은 재무 안정성과 경영 효율성 강화, 그리고 기술 혁신이 결합한 성공적인 전략적 협력 사례로 평가받고 있습니다.

삼성전자의 하만 인수

2016년 11월, 「삼성전자」는 미국의 전장 및 오디오 전문 그룹인 「하만(Harman)」을 약 80억 달러에 인수했습니다. 이는 반도체, 디스플레이, 스마트폰 등 주력 사업 외에 새로운 성장 동력을 모색하는 전략적 결정이었습니다.

「삼성전자」는 자동차 전장화와 커넥티드카 시장의 성장 가능성에 주목해, 「하만」의 인포테인먼트 시스템, 텔레매틱스, 보안 솔루션 등 전장 분야에서의 기술력과 시장 지위를 활용하고자 했습니다. 또한, 「하만」이 보유한 「JBL」, 「하만카돈」, 「AKG」 등의 프리미엄 오디오 브랜드로 가전제품의 오디오 품질을 향상하고 프리미엄 시장에서 경쟁력을 강화했습니다.

인수 이후 「하만」은 「삼성전자」의 자회사로서 전장 사업에서 지속적인 성과를 거두었습니다. 2023년에는 매출 14조 3,900억 원과 영업이익 1조 1,700억 원을 달성해, 전장 고객사 수주가 증가했고 카 오디오 판매도 늘었습니다.

결론적으로 「삼성전자」의 반도체, 디스플레이, 통신 기술과 「하만」의 전장 및 오디오 기술이 결합돼 차세대 커넥티드카 솔루션과 스마트 오디오 제품 개발이 촉진됐습니다. 이러한 협력은 전장 사업 강화, 오디오 사업 확대, 기술 혁신 촉진 등 다양한 시너지 효과를 창출하며, 「삼성전자」가 글로벌 시장에서의 경쟁력을 더욱 공고히 하는 데 기여했습니다.[30]

현대자동차의 보스턴 다이내믹스인수

2021년 6월, 「현대자동차」 그룹은 미국의 로봇 전문 기업인 「보스턴 다이내믹스(Boston Dynamics)」를 약 1조 원에 인수했습니다. 이는 미래 모빌리티 솔루션 제공 업체로의 전환과 로봇공학 분야에서의 선도적 입지를 확보하려는 전략적 결정이었습니다.[31]

「현대자동차」 그룹은 '자율주행차', '도심 항공 모빌리티(UAM)', '스마트 팩토리' 등 다양한 미래 모빌리티 분야에서 경쟁력을 강화하고자 했으며, 「보스턴 다이내믹스」는 4족 보행 로봇 '스팟'과 2족 직립 보행 로봇 '아틀라스' 등 혁신적인 로봇 기술을 보유하고 있어 「현대자동차」 그룹의 비전에 부합했습니다.

인수 이후, 「현대자동차」 그룹은 「보스턴 다이내믹스」의 첨단 로봇 기술을 활용해 자율주행차 및 물류 로봇 등 혁신적인 제품을 개발할 수 있게 됐으며, 도심 항공 모빌리티와 스마트 팩토리 분야에서도 새로운 솔루션을 선보였습니다.

특히, '공장 안전 서비스 로봇'을 도입해 산업 안전을 강화하는 등 다양한 산업 분야에서의 활용 가능성을 제시했습니다. 이 협력은 로봇공학 기술력 강화, 미래 모빌리티 솔루션 확대, 브랜드 이미지 제고 등 다양한 시너지 효과를 창출하며, 「현대자동차」 그룹이 미래 모빌리티 시장에서의 경쟁력을 강화하고 지속 가능한 성장 동력을 확보하는 데 크게 기여했습니다.

두산의 밥캣 인수

2007년 7월, 「두산인프라코어」는 미국의 소형 건설장비 전문 기업 「밥캣(Bobcat)」을 약 49억 달러에 인수했습니다.[32] 이는 당시 국내 기업의 최대 규모의 해외 기업 인수 합병으로, 「두산」 그룹이 글로벌 건설장비 시장에서의 입지를 강화하고 제품 포트폴리오를 다각화려는 전략적 결정이었습니다.

「밥캣」은 소형 건설장비 분야에서 세계적인 브랜드로 인정받고 있었습니다. 「두산」은 「밥캣」을 통해 제품군을 보완하고 글로벌 시장 경쟁력을 높이고자 했습니다. 특히, 「밥캣」의 강력한 미국 및 유럽 판매 네트워크는 「두산」의 글로벌 시장을 확장하고 신규 시장에 진출하는 데 중요한 기반이 됐습니다.

인수 이후 「두산밥캣」은 북미와 유럽 시장에서 매출이 증가했으며, 지속적인 연구개발(R&D)

투자와 제품 혁신으로 시장 경쟁력을 유지하고 있습니다. 또한, 「밥캣」의 앞선 기술력과 높은 브랜드 인지도는 「두산」의 기술 경쟁력 강화와 글로벌 브랜드 가치 향상에 크게 기여했습니다. 이 인수는 제품 포트폴리오 확대, 글로벌 시장 진출 강화, 기술력 및 브랜드 가치 상승 등 다양한 시너지 효과를 창출한 성공적인 전략적 협력 사례로 평가받고 있습니다. 이를 통해 「두산」은 글로벌 건설장비 시장에서의 경쟁력을 강화하고 지속 가능한 성장 동력을 확보했습니다.

네이버의 캐나다 웹소설 플랫폼 왓패드 인수

2021년 5월, 「네이버」는 캐나다의 글로벌 웹소설 플랫폼 「왓패드(Wattpad)」를 약 6억 달러에 인수했습니다.[33] 이는 「네이버」가 글로벌 콘텐츠 시장에서의 입지를 강화하고 웹툰과 웹소설 분야의 시너지를 극대화하는 전략적 결정이었습니다.

「네이버」는 이미 '네이버웹툰'으로 글로벌 웹툰 시장을 선도하고 있었지만, 「왓패드」의 9,400만 명 이상의 사용자 기반을 활용해 웹소설 분야에서도 경쟁력을 확보하고 종합적인 스토리텔링 플랫폼으로 성장하고자 했습니다.

인수 후 「네이버」는 '네이버웹툰'의 7,200만 명과 「왓패드」의 9,400만 명을 합쳐 약 1억 6,600만 명의 글로벌 사용자를 확보했으며, 다양한 장르와 주제의 콘텐츠를 제공해 독자들의 다양한 취향을 만족시켰습니다. 또한, '네이버 웹툰'의 IP 비즈니스 노하우를 「왓패드」에 적용해 웹소설의 영상화 및 출판 등 2차 저작물 제작을 활성화하고, 창작자들에게 새로운 수익 모델을 제공했습니다.

2021년에는 167개의 웹툰 및 웹소설 영상화 프로젝트를 진행하고, 유료 보기 서비스와 수익화 모델을 결합해 창작자들의 수익 다각화를 지원했습니다.

「네이버」의 「왓패드」 인수는 사용자 기반 확대, 콘텐츠 다양성 증대, IP 비즈니스 강화 등 다양한 시너지 효과를 창출하며, 「네이버」를 글로벌 스토리텔링 콘텐츠 기업으로 확장할 수 있게 했습니다.

CHECK LIST

1. 신사업 전략 실행 방법은 내부 육성, 외부 협력, 외부 투자 세 가지로 나눌 수 있으며, 실행 전 현재 사업 역량을 객관적으로 평가해야 합니다.

2. 내부 육성은 자체 역량을 활용해 신사업을 추진하는 방식이지만, 외부 아이디어나 기술 수용에 한계가 있을 수 있으며 자원 배분 갈등이 발생할 수 있습니다.

3. 외부 협력은 전략적 파트너십을 맺어 비용 절감, 리스크 분산, 시장 접근성 확대 등을 꾀할 수 있는 장점이 있지만, 의사 결정 지연이나 문화 차이 문제 등의 단점도 존재합니다.

4. 외부 투자는 M&A, 전략적 투자, CVC 운영 등을 통해 신속한 시장 진입과 기술 확보가 가능하지만, 통합 과정의 어려움과 높은 비용을 고려해야 합니다.

3
신사업 추진을 위한 준비

기업의 신사업 추진 전략이 수립되면, 진출하고자 하는 사업 영역의 고객, 시장, 경쟁 상황을 구체적으로 조사해야 합니다. 또한, 신사업 추진 아이디어를 발굴하고 이를 실행할 역량과 운영 체계를 체계적으로 준비해야 합니다. 이번 장에서는 본격적으로 신사업을 추진하기 전 준비해야 할 항목들에 대해서 자세히 알아보도록 하겠습니다.

3.1
시장 분석

일반적인 의미의 '시장 조사'는 시장 동향, 소비자 행동, 경쟁사, 산업 및 거시 환경 그리고 신제품을 접한 소비자 반응 등 다양한 요소를 파악하고 분석합니다.

하지만 이번 장에서 다루는 '시장 조사'는 실제 기업에서 빈번하게 사용하는 시장 분석 과정에 초점을 맞춥니다. 즉, 진입하려는 목표 시장을 정의한 뒤, 시장의 규모와 성장성, 그리고 시장 점유율과 같은 핵심 지표를 분석하는 방법을 살펴볼 것입니다.

1. 유통 시장의 구조 이해

첫 번째 단계인 목표 시장을 정의하려면 해당 시장이 어떻게 형성돼 있고 운영되는지 구조를 이해해야 합니다. 예를 들어, 물리적인 제품 형태로 신사업을 추진하는 경우라면, 'Sell-in', 'Sell-through', 'Sell-out'의 세 가지 관점에서 시장 구조가 어떻게 구성돼 있는지를 먼저 확인해야 합니다.

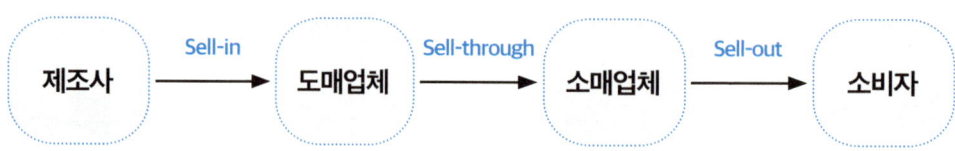

공급망과 재고 회전율 관리 그리고 소비자 수요 파악 등을 하려면 신사업의 성공 여부를 좌우할 수 있는 핵심 요소인 이 세 가지 관점을 종합적으로 분석해야 하며, 이를 효과적으로 분석하려면 각 관점에서 고려해야 할 사항을 명확히 이해하고 사전에 준비해야 합니다.

'Sell-in'은 도매업체가 제조사의 신제품을 얼마나 주문하고 구입할 것인지를 결정하는 단계로, 이 단계에서 제조사의 매출이 발생합니다.

'Sell-through'는 제조사가 공급한 제품을 납품받은 도매업체가 자신들의 판매 채널을 통해 최종 판매처로 이동시키는 B2B 거래 단계입니다. 예를 들면, 제조업체로부터 물품을 공급받은 도매업체가 여러 소매업체에 물건을 파는 과정을 의미합니다.

마지막으로 'Sell-out'은 소매업체가 최종 소비자에게 제품을 판매하는 단계로, 이 지점에서 소비자 수요와 시장 반응에 대한 직접적인 데이터를 확보할 수 있습니다. 따라서 이 단계에서는 소비자 행동과 시장 반응을 중심으로 분석해야 합니다.

이 세 가지 단계는 서로 긴밀하게 연결돼 있습니다. 따라서 각 단계에서 발생하는 변화가 전체 공급망에 영향을 미칠 수 있습니다. 예를 들어, 신제품의 경우 기존의 판매 실적이 없기 때문에 도매업체는 첫 달에 제조사의 신제품을 최소 단위로만 구입하고, 자신들의 유통 채널을 통해 소매업체에 공급해 소비자 판매 실적을 점검합니다. 그런데 소매업체에서 큰 인기를 얻어 재고가 조기 소진됐음에도 제조사가 이 상황을 제대로 파악하지 못한다면, 생산 일정에 차질이 생겨 추가 공급이 지연될 수밖에 없습니다.

반대로, 도매업체가 구입한 초도 물량이 소매업체까지 전달됐음에도 충분한 홍보가 이루어지지 않아 판매가 부진하거나 소비자로부터 외면받는 상황이 발생했는데 제조사가 이를 실시간으로 인지하지 못할 경우 유통 재고 때문에 추가 공급을 못 할 수 있습니다.

그러나 제조사가 이 문제를 빠르게 인지한다면, 적극적인 마케팅이나 프로모션 활동 등 판매 촉진 활동을 해서 유통 재고를 소진하고, 다음 Sell-in을 진행할 기회를 만들 수 있습니다.

이처럼 정확한 수요 예측을 하려면 Sell-through 단계의 구조를 정확히 파악하고, 유통업체와 긴밀히 협력해 유통 단계의 재고를 철저히 관리해야 합니다. 또한, 유통 재고를 기반으로 한 정밀한 프로모션 집행 전략도 필수적입니다.

추가로, 유통시장 관리 지표 중 유용한 관리 지표로 'WOS(Week of Sales)'가 있습니다. WOS는 현재 보유한 유통 재고량을 주간 평균 판매량으로 나눈 값으로, 현재 보유 재고가 예상 판매 속도로 소비될 경우 몇 주 동안 재고가 유지될 수 있는지를 보여줍니다. 경영자는 매주 변화하는 WOS 추이를 모니터링하고, 장기 재고 수준을 확인하면서 추가적인 Sell-in 시점을 예측할 수 있다는 장점이 있습니다.

2. TAM-SAM-SOM 프레임워크

그러나 아직 시장이 형성되지 않은 신사업은 유통 구조 기반의 수요 예측이 어려울 수 있습니다. 이런 상황에서 활용할 수 있는 방법으로는 'TAM-SAM-SOM 프레임워크'가 있습니다.

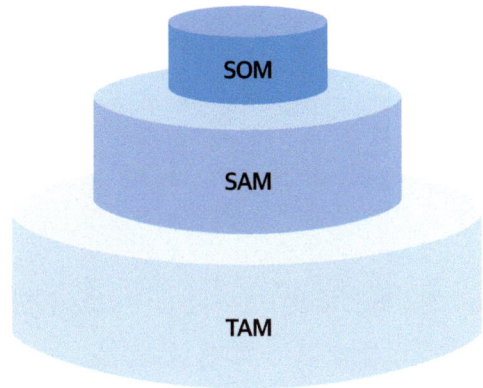

'TAM(Total Addressable Market)'은 특정 제품이나 서비스가 이론적으로 도달할 수 있는 전체 시장의 크기를 말합니다. 이는 해당 제품이나 서비스가 전 세계적으로 100%의 시장 점유율을 가졌을 때 획득할 수 있는 최대 판매 기회를 나타냅니다. 예를 들어, 글로벌 커피 시장의 'TAM'은 전 세계 모든 커피 소비자와 관련 제품의 전체 시장 규모를 포함합니다.

'SAM(Serviceable Available Market)'은 'TAM' 중에서 기업이 실제로 접근할 수 있고 공급할 수 있는 시장 규모를 의미합니다. 지리적 위치, 인구 통계, 구매 행동 등 다양한 요소를 고려해 제품 혹은 서비스의 목표 고객 범위를 구체화한 것입니다. 예를 들어, 특정 지역에 한정된 커피 전문점이라면 'SAM'은 해당 지역의 커피 소비자 규모입니다.

'SOM(Serviceable Obtainable Market)'은 'SAM' 중에서 기업이 단기간에 실제 확보할 수 있는 시장 규모를 가리킵니다. 이는 기업의 마케팅 예산, 판매 채널, 경쟁 관계 등을 고려해 현실적으로 얻을 수 있는 목표 시장 점유율입니다. 예를 들어, 특정 도시에서 여러 경쟁사를 고려했을 때, 실제로 해당 기업이 확보할 수 있는 소비자 수를 의미합니다.

'TAM-SAM-SOM 프레임워크'로 시장 규모를 산정할 때는 먼저 시장을 명확하게 정의하고 세분화해 각각의 특성과 규모를 정확히 분석하는 것이 필수입니다. 이렇게 하려면 신뢰도 높은 데이터를 수집, 분석하고, 경쟁 환경을 조사해 경쟁사의 강점과 약점을 파악해야 합니다.

또한, 목표 고객을 세분화해서 그들의 요구와 선호도를 이해하는 것도 핵심입니다. 이러한 분석 결과를 토대로 현실적인 시장 진입 전략을 수립하고, 초기 목표 시장을 설정합니다.

3. 시장 조사 주요 항목

앞선 과정을 거쳐 목표 시장이 정해졌다면, 시장을 분석할 수 있는 핵심 지표들은 다음과 같습니다.

'시장 규모'는 수량과 금액, 두 가지 기준으로 평가됩니다. 수량 기준만 사용할 경우, 가격이 저렴하고 수익이 낮은 보급형 제품 비중이 전체 시장 규모를 왜곡할 수 있으므로 보통은 금액 기준으로 시장 규모를 산정합니다. 또한 전체 시장, 제품별, 지역별, 유통 유형별로 구분해 분석하면 더욱 정교한 판단이 가능합니다.

'시장 점유율'도 '시장 규모'와 동일한 기준으로 정리하는 것이 좋습니다. 일반적으로, 브랜드별 시장 점유율을 비교할 때는 전체의 약 80% 이상을 차지하는 주요 브랜드들에 집중합니다. 새로 시장에 진입하려는 업체라면, 주요 경쟁 업체들과의 시장 점유율을 지역별, 제품군별로 더욱 면밀히 분석할 필요가 있습니다.

시장의 성장 정도를 나타내는 대표적인 지표로는 'CAGR(Compound Annual Growth Rate)'이 있습니다. 이는 분석 시작 시점부터 마지막 시점까지의 평균 성장 추세를 보여주지만, 일시적 변동성을 반영하지 못하므로 연도별 데이터의 특성도 반드시 고려해야 합니다.

특히 코로나19와 같은 특수 상황을 제외하는 등 시작 시점을 적절히 설정하는 것이 중요합니다. 분석 기간에 따라 'CAGR' 값도 달라지므로, 몇 년간의 'CAGR'인지 명시하는 것이 필요합니다. 기업 실무에서는 통상 5년 정도의 기간을 평가하는 경우가 많습니다.

4. 시장 조사 방법

일반적으로 시장 구조를 분석하고, 시장 규모와 시장 점유율 등을 조사하는 시장 조사는 대부분 기존에 존재하는 정보를 수집해 검토하는 '데스크 리서치' 방식으로 진행됩니다. 무료로 시장 자료를 확인해 볼 수 있는 대표적인 방법은 다음과 같습니다.

- '네이버', '구글', 'ChatGPT' 검색을 통한 인터넷 서치
- 증권사들의 산업·기업 분석 리포트

- 국가 통계청 및 관세청의 공개 빅데이터
- '학술 연구 정보 서비스'를 통한 석·박사 논문
- '하버드 비즈니스 리뷰' 같은 경영 전문 잡지
- GFK, IDC 같은 시장 조사 전문 기관의 공개된 자료
- '맥킨지', 'BCG' 등 컨설팅 업체 홈페이지의 참고 자료

대부분 자료는 서로 인용하는 경우가 많으므로, 원본을 찾아 신뢰도와 시장 조사의 전제 조건을 확인해야 합니다. 분석해야 할 목표 시장에 상장 기업이 포함돼 있다면, 국내는 '전자공시시스템(DART)'을 활용하고, 해외는 기업별 홈페이지 IR 자료를 보고 매출과 수익성을 직접 확인할 수 있습니다.

무료 시장 조사 자료만으로는 충분한 정보를 얻기 힘들다면 GfK나 IDC와 같은 전문 시장 조사 기관을 이용하는 것을 고려해 볼 수 있습니다. 이러한 기관은 정교한 데이터 분석을 바탕으로 신뢰도 높은 시장 규모 예측과 트렌드 분석을 제공하며, 경쟁사 분석과 고객 세분화 등 추가적인 인사이트도 얻을 수 있다는 장점이 있습니다.

다만, 이러한 전문 기관의 자료는 가격이 비싼 편이라 벤처나 중소기업에는 부담스러울 수 있습니다. 비교적 저렴하게 시장 자료를 얻고 싶다면, 월간 구독 방식으로 최소 한 달도 이용할 수 있는 'Statista(https://www.statista.com)'를 활용하는 것도 좋은 방법입니다.

글로벌 컨설팅 기업의 서비스는 비용이 높게 책정돼 있어, 통상적으로 대기업이 기존 사업과 연관성이 낮은 신규 사업 진출을 모색하거나, 향후 인수·합병(M&A) 투자 가능성을 염두에 두는 등 중요한 상황에서 활용할 때 그 효과를 극대화할 수 있습니다.

지금까지 시장 조사의 개념과 주요 절차, 그리고 그 응용 방안을 알아보았습니다. 기업 실무 환경에서 시장 조사는 시장 진출 전략을 수립할 때 핵심적인 역할을 합니다. 따라서, 목표 시장의 구조, 규모, 성장 잠재력, 시장 점유율 등 주요 지표를 심도 있게 분석하고 'TAM-SAM-SOM 프레임워크' 혹은 Sell-in, Sell-through, Sell-out 관점으로 유통 채널을 분석하는 걸 추천드립니다.

CHECK LIST

1. 신사업 추진 전에는 진출하려는 사업 영역에 대한 고객, 시장, 경쟁 조사가 필수적입니다.

2. 물리적 제품 기반 신사업의 경우, Sell-in, Sell-through, Sell-out 관점에서 유통 시장 구조를 이해하고 수요를 예측해야 합니다.

3. 아직 형성되지 않은 신시장은 TAM-SAM-SOM 프레임워크를 활용해 잠재 시장 크기를 추정할 수 있습니다.

4. 시장 분석 시에는 시장 규모, 점유율, 성장률 등의 핵심 지표를 조사하며, 데스크 리서치, 전문 기관 보고서 등 다양한 방법을 활용할 수 있습니다.

3.2

고객 이해

　신사업 추진 준비 단계에서 시장 및 경쟁 환경 분석과 더불어 고객의 요구를 심층적으로 파악하는 것은 매우 중요합니다. 특히, 고객의 요구를 단순한 불편 사항의 차원을 넘어 '요구(Needs)', '선호(Wants)', '욕망(Desire)'의 세 가지 수준으로 구분해 이해하는 것이 효과적인 전략을 수립하는 데 도움이 됩니다.

　고객의 '요구'는 생존 및 기본적인 삶을 유지하려면 충족돼야 하는 필수 요소로, 의식주, 안전, 건강 등과 같이 문화적, 개인적 변수의 영향을 비교적 적게 받는 보편적인 성격을 지닙니다.

　반면, 고객의 '선호'는 이러한 필수 요구를 충족하고자 하는 구체적인 선호 방식을 의미하며, 이는 개인의 문화, 사회적 환경, 그리고 경험에 따라 다르게 나타날 수 있습니다. 예를 들어, 배가 고플 때 특정 종류의 음식이 먹고 싶은 경향이 이에 해당합니다.

　한편, 고객의 '욕망'은 더 주관적이고 정서적인 차원의 갈망으로, 특정 상품이나 서비스를 향한 강렬한 선호와 소유 욕구를 포함합니다. 이는 개인의 가치관, 생활 방식, 그리고 사회/경제적 지위 등에 따라 결정되며, 특정 명품 브랜드의 가방을 소유하고자 하는 욕구 등을 그 예로 들 수 있습니다.

　이러한 유형의 세분화 과정을 거치면, 기업은 고객의 근본적인 요구 사항을 파악하는 것은 물론, 그 요구를 충족하는 데 필요한 구체적인 선호도를 이해할 수 있습니다. 나아가, 고객이 강력하게 원하는 욕구를 식별해 그에 부합하는 제품 또는 서비스를 개발하는 데 기여할 수 있습니다.

고객의 요구 사항을 명확히 이해하려 할 때 사용할 수 있는 분석 방법은 다양합니다. 전통적인 고객 조사 방식으로는 고객과의 직접적인 대면 또는 온라인을 통한 의견 청취가 가능한 '포커스 그룹 인터뷰'나 '심층 인터뷰'가 있습니다. 이러한 인터뷰로 고객 요구에 대한 가설을 수립하고, 이후 정량적 설문 조사를 해서 가설을 검증하는 절차를 거치게 됩니다.

'설문 조사'는 구조화된 질문을 활용해 다수의 응답자로부터 자료를 수집하는 전통적인 고객조사 방법론입니다. 이 방법론은 단시간 내에 대량의 자료를 확보할 수 있으며, 정량적 분석을 수행하는 데 유리합니다. 그러나 응답자의 성실성이 자료의 신뢰도에 영향을 미칠 수 있으며, 심층적인 정보 획득에는 제약이 존재합니다.

'심층 인터뷰(In-depth Interview, IDL)'는 응답자 개개인과 일대일로 면담해서 심도 있는 자료를 확보하는 방법론입니다. 이는 응답자에게 내재한 동기 및 정서를 파악하는 데 유용하지만, 상당한 시간과 비용이 요구되며 일반화하는 데 제약이 있습니다.

이 방법은 전문가 인터뷰 형태로도 활용될 수 있습니다. 특히, 접근이 어려운 경쟁사 또는 벤치마킹 하고 싶은 기업의 퇴직 임직원을 대상으로 익명 전화 인터뷰를 제공하는 'GLG(glginsights.com)' 같은 서비스는 다른 방법으로는 얻기 힘든 정보를 효과적으로 조사할 수 있어 유용합니다.

'포커스 그룹 인터뷰(Focus Group Interview, FGI)'는 소규모 표본 집단과의 심층 토론을 통해 참가자들의 상호작용을 활성화해 다양한 견해를 청취하고 혁신적인 발상을 촉진하는 데 활용됩니다. 다만, 집단 내 특정 인물의 의견이 과도하게 영향력을 행사할 가능성이 있어, 표본 선정 과정에서 세심한 주의가 필요하며, 모든 소비자의 견해를 완벽히 반영하기 어렵다는 단점이 있습니다.

최근에는 고객을 이해하는 방법으로 빅데이터 분석 기술이 활발하게 사용되고 있습니다. 많은 양의 데이터를 기반으로 중요한 패턴이나 경향을 파악해서 의미 있는 정보를 얻는 것입니다. 하지만 이러한 분석을 하려면 전문적인 기술과 IT 인프라에 투자가 있어야 합니다. 빅데이터 분석의 대표적인 예시로는 '고객 여정 지도'나 '마이크로 세그멘테이션' 등이 있습니다.

'고객 여정 지도'는 고객이 특정 제품이나 서비스를 인지하는 시점부터 최종 사용에 이르기까지의 전 과정을 시각적으로 표현하는 도구로서, 단계별 고객 경험을 면밀하게 분석할 수 있도록 합니다. 이를 통해 고객 경험 전반을 더욱 심층적으로 이해하고 개선 영역을 도출할 수 있습니다. 다만, 신뢰성 있는 고객 여정 지도를 구축하려면 다양한 출처로부터 데이터를 수집하고 고객과의 심층 인터뷰를 진행하는 것이 필수적입니다.

'마이크로 세그멘테이션'은 고객을 더욱 세분화해 분류하고, 도출된 각 세그먼트의 특성에 부합하는 최적화된 전략을 수립하는 방법론입니다. 이러한 접근 방식은 고객 맞춤형 솔루션 설계의 효율성을 증대시킵니다. 단, 지나친 세분화는 운영 및 관리의 복잡성까지 증대시킬 수 있다는 점을 고려해야 합니다.

소비자의 실제 행태를 파악하는 방안으로서 '관찰 조사'가 활용될 수 있습니다. 이는 소비자의 행동을 직접 관찰함으로써 객관적인 자료를 확보하는 데 효과적이며, 특히 문화적 배경이 상이한 해외 시장에 진출하는 생활 가전 또는 주방 기기 제조 기업에 유효한 접근법이 될 수 있습니다. 다만, 관찰자의 주관적인 해석이 개입될 가능성이 있으며, 모든 상황을 포괄적으로 관찰하는 데에는 어려움이 수반된다는 제한점이 존재합니다.

이처럼 다양한 고객 조사 방법은 각각의 장단점이 있으므로, 기업의 목적과 상황에 맞게 적절한 방법을 선택해 고객 요구를 분석하는 것이 중요합니다.

신생 벤처기업 설립자들로부터 흔히 듣는 의견 중 하나는, 현재 구상하고 있는 혁신적인 고객 가치가 기존 시장 또는 고객층에 완전히 새로운 경험을 제공하는 것이므로, 시장 조사의 실효성이 낮다는 주장입니다.

이는 신규 사업을 시작한 초기 단계라면 어느 정도 타당성이 있는 견해일 수 있습니다. 따라서, 고객의 불만 사항 또는 문제점을 정량적 및 정성적으로 면밀히 분석하고, 이를 해결할 구체적인 솔루션을 도출해, 최종적으로 고객이 직접 체험할 수 있는 작동 가능한 시제품(working sample)을 구현한 이후에 고객 조사를 실시하는 것을 권장합니다.

CHECK LIST

1. 신사업 추진 단계에서 고객의 요구를 '요구', '선호', '욕망'의 세 가지 수준으로 심층적으로 파악하는 것이 중요합니다.
2. 고객 요구를 이해하는 방법으로는 '포커스 그룹 인터뷰', '심층 인터뷰', '설문 조사'와 같은 전통적인 방식과 더불어 빅데이터 분석을 활용한 '고객 여정 지도' 및 '마이크로 세그멘테이션' 등이 있습니다.
3. 혁신적인 고객 가치를 제공하는 신생 벤처기업이라면 초기에는 고객의 불편 사항을 분석하고 시제품 제작 후 고객 조사를 실시하는 것이 효과적입니다.

3.3

신사업 역량 준비

　기업이 사업 목표를 달성하려 할 때 요구되는, '업무를 효과적으로 수행할 수 있는 능력'을 '사업 역량'이라고 정의할 수 있습니다.

　이 사업 역량은 기업이 사업 밸류 체인을 운영하는 과정에서 일반적으로 필요한 '실행 역량', 본사 및 공통 업무를 수행하는 '지원 역량', 그리고 시장 관점에서 차별화돼 있고 모방하기 어려운 기업 고유의 '핵심 역량'으로 구분할 수 있습니다.

　'실행 역량'은 생산, 물류, 영업 등 기업 운영의 필수 활동을 원활하게 수행하는 능력을 의미합니다. 예를 들어, 제조업에서는 생산 공정을 최적화하는 기술이 실행 역량에 해당할 수 있습니다.

　'지원 역량'은 인사, 재무, 법무 등 기업이 원활한 운영하려면 갖추어야 하는 내부 관리 능력입니다. 예를 들어, 다국적 기업이 여러 국가의 법인들을 효과적으로 관장하는 글로벌 인사 시스템을 구축하는 것은 지원 역량의 사례가 될 수 있습니다.

　'핵심 역량'은 기업이 시장에서 차별화된 가치를 제공할 수 있도록 하는 경쟁 우위 요소로, 차별화된 고유 기술이나 고객들이 선호하는 브랜드가 이에 해당합니다. 예를 들어, 애플의 사용자 친화적인 디자인과 생태계 구축 능력은 핵심 역량으로 볼 수 있습니다.

　이와 더불어, 사업 역량을 구분하는 또 다른 방법으로는 사업 추진에 필수적인 요소들을 유형 역량과 무형 역량으로 나누는 방식이 있습니다. '유형 역량'은 기술, 설비, 인프라와 같이 자본 및 인력 투입이 요구되는 물리적인 자원을 의미합니다. 반면, '무형 역량'은 단순한 인력 규모를 넘어 지식, 기술, 태도 등의 복합적인 인적 자질과 더불어 조직 구조, 제도, 업무 절차 등을 포괄하는 개념입니다.

신사업을 추진하기 위한 '사업 역량'을 내부적으로 강화할 수 있는 방법인 '핵심 인재 확보', '팀 구성과 규모', '의사 결정 체계', '프로세스' 준비 과정을 알아보도록 하겠습니다.

1. 핵심 인재 확보

신규 사업의 성공 여부는 전문성과 혁신성을 겸비한 핵심 인력 확보에 크게 좌우된다고 해도 과언이 아닙니다. 기존 사업 영역 내에서 기존 사업 모델을 활용해 신규 사업을 추진할 경우에는 사내에서 검증된 인력을 선발해 독립적인 조직으로 운영하는 방안을 고려할 수 있습니다. 예를 들어, 온라인 유통 플랫폼을 보유한 기업이 신규 사업으로 프리미엄 구독 서비스를 추가하는 경우, 기존 인프라와 고객 데이터를 적극 활용해 신사업을 전개할 수 있습니다. 이는 조직 문화를 융화하고 기존 사업과의 시너지 효과를 극대화하는 측면에서 효율적입니다.

그러나 기존 사업을 영위하는 기업에서는 최고경영자나 사업 책임자가 신규 사업 추진 의지가 높더라도 현실적으로 신사업이 우선순위에서 밀리는 경우가 많습니다. 특히 현재 운영 중인 사업이 안정적인 수익을 창출하고 있으면, 기업은 신사업보다 기존 사업에 더 많은 자원을 집중할 가능성이 높습니다.

대기업일수록 부서 간 칸막이 현상이 심해 조직 내 우수 인력 또는 핵심 인재를 신사업에 투입하는 데 어려움을 겪는 경우가 빈번합니다. 아울러 우수 인력 및 핵심 인재 입장에서도 적절한 보상이 수반되지 않을 경우, 신사업 참여가 개인의 경력 개발에 실질적인 도움이 되지 않는다고 판단해 적극적으로는 참여 의사를 표명하지 않는 현상이 나타납니다.

따라서 기존 사업 때문에 신사업이 우선순위에서 밀리는 현상, 부서 간 칸막이로 인재 배치 어려움, 그리고 적절한 보상이 없다면 참여 의지가 부족해지는 등의 문제를 고려해 신사업 추진 리더 및 전담 팀원의 구성을 신중히 계획해야 합니다.

신규 사업 책임자 선정 시 주요 고려 사항은 다음과 같습니다. 첫째, 기존의 틀을 벗어나 혁신적 사고를 바탕으로 독창적인 사업 모델 및 전략을 구상할 수 있는 역량입니다. 이를 위해 시장 동향을 정확히 예측하고, 조직의 미래를 성장시킬 비전을 제시하는 능력이 필수적으로 요구됩니다. 둘째, 폭넓은 산업 경험과 전문 지식을 갖춘 인재는 신규 사업 추진 과정에서 발생하는 제반 문제에 효과적인 해결책을 제시할 수 있습니다. 그래서 기술 중심, 시장 개척 중심, 사업 다각화 중심 등 다양한 형태의 신규 사업에 대한 이해도를 갖추는 것이 중요합니다. 셋째, 조직 내외의 다양한 이해관계자들과의 효율적인 의사소통 능력과 더불어 팀 구성원에게 동기를 부여하고 이들을 효과적으로 이끌어 갈 수 있는 리더십 역량이 중요합니다.

특히, 투명한 의사소통과 책임 있는 대처 능력은 조직의 신뢰를 구축하는 데 필수적입니다. 예를 들어, 리더가 사업 진행 상황을 명확하게 공유하고 예상되는 리스크를 솔직하게 설명하는 것입니다.

또한, 문제가 발생했을 때 신속하게 해결 방안을 제시하고, 이해관계자들과 적극적으로 협의하는 태도를 보이는 것이 신뢰 형성에 기여할 수 있습니다. 이렇게 하려면 신사업 리더가 스스로 잠재적 위험을 식별하고 이를 관리하며, 신속하고 정확한 의사 결정을 내릴 수 있도록 신사업 추진 권한을 명확히 정의해 주어야 합니다. 이는 조직의 민첩성을 높이고, 시장 변화에 빠르게 대응하는 데 도움이 됩니다.

새로운 분야, 미개척 사업 영역 또는 혁신적인 사업 모델을 도입할 때는 기업이 보유하지 못한 전문성을 갖춘 소수 핵심 인재를 먼저 확보하는 것이 중요합니다. 확보된 인력을 통해 기존 기업 역량을 시장 및 경쟁 환경과 비교해 객관적으로 평가하고, 역량 부족 부분을 체계적으로 보완할 계획을 수립해야 합니다. 또한 신규 사업을 추진할 자본 투자도 핵심 인재 영입 후 전문가의 시각에서 면밀히 검토하고 나서 추진해야 합니다.

한편, 신규 벤처기업의 성공적인 시장 진입 및 투자 유치 가능성은 창업자 및 초기 구성원의 핵심 역량 보유 여부에 크게 좌우됩니다. 특히 해당 구성원들이 새로운 사업 분야에 대한 전문성을 갖추고 고객 가치 창출에 기여할 수 있을 때 외부 자본 유치에 긍정적인 영향을 미칠 수 있습니다.

2. 팀 구성과 규모

신사업 팀 구성원 선정은 팀 리더 선임만큼이나 중요한 과제입니다. 신사업 팀원은 각자의 역량이 뛰어나야 하며, 전략적 사고력, 문제 해결 능력, 멀티태스킹 역량을 갖추어야 합니다. 마치 특수부대원처럼 불확실한 환경에서도 독립적으로 판단하고 행동할 수 있어야 합니다. 또한 일반적인 업무 환경과는 달리 예측할 수 없는 상황이 빈번하게 발생하므로, 다양한 분야의 전문가들로 팀을 구성해 경영 전략, 기술 개발, 고객 경험, 시장 동향 등 여러 측면에서 문제를 분석하고 해결 방안을 모색해야 합니다.

신사업 팀원을 선발할 때 최우선으로 고려해야 할 사항은 지원자의 해당 업무 분야에 대한 전문 역량입니다. 사업 전략, 경영 관리, 상품 및 서비스 기획, 디자인, 개발 분야의 인력은 초기 단계에서 필수적이며, 사업을 본격적으로 추진하는 단계에는 영업, 마케팅, 구매, 품질 관리, 생산 등 관련 분야의 전문 인력 또한 요구됩니다.

각 팀원의 역할과 책임을 명확히 규정해 업무 효율성을 증진하고, 책임 의식을 고취함으로써 목표 달성에 집중할 수 있는 환경을 조성해야 합니다. 이를 통해 조직 내 의사 결정 속도를 높이고, 책임감을 강화하며, 신속한 실행이 가능하게 만드는 것이 효과적인 조직 체계 구축의 핵심입니다.

다음으로 신사업 팀은 급변하는 시장 상황에 기민하게 대처할 수 있도록 유연하고 민첩한 조직 구조를 갖추어야 하며, 최소 인원으로 효율성을 극대화해야 합니다.

신사업의 팀 구성과 규모를 논할 때 가장 널리 알려진 사례는 '아마존의 2피자 팀'입니다.[34] 아마존은 신사업을 추진할 때 팀 규모가 지나치게 커지면 의사 결정이 느려지고 책임감이 분산된다는 점을 고려해, 한 끼 식사로 피자 두 판이면 충분한 10명 이하의 소규모 팀을 구성하는 방식을 채택합니다. 이를 통해 의사소통을 최소화하고 의사 결정 속도를 높이는 민첩한 조직을 만들어 성과를 극대화할 수 있다는 것이 아마존의 철학입니다.

3. 의사 결정 체계

신사업 초기 단계에서는 해당 산업에 대한 깊은 이해도, 문제 해결 능력, 리더십 경험, 그리고 창의적 사고를 겸비한 핵심 인력을 팀 리더로 임명하고, 신속한 의사 결정 체계를 구축하기 위해 의사 결정 절차를 간소화하고, 프로젝트별 책임자를 지정해 일정 금액 이하의 예산 집행이나 제품 개발 방향 결정 등 실무적 권한을 부여하는 방식으로 권한을 효과적으로 위임해야 합니다.

또한 업무 권한 관련 규정을 사전에 수립해 신사업 책임자에게 일정한 의사 결정 권한을 부여함으로써 시장 변화에 신속히 대응할 수 있도록 하며, 최고경영자와의 소통 채널을 최적화하려면 정기적인 전략 회의를 개최하고, 실시간 보고 시스템을 도입하며, 핵심 사항을 요약한 대시보드를 활용해 정보 전달 효율성을 높여야 합니다. 이를 통해 신속한 의사 결정이 이루어질 수 있도록 만반의 준비를 갖추어야 합니다.

4. 프로세스

성공적으로 신규 사업을 추진하려면 사업 기회 발굴에서부터 실행에 이르기까지 전 단계를 아우르는 체계적인 업무 프로세스가 요구됩니다.

대기업들 역시 신사업 추진 과정에서 외부 기법을 적극적으로 활용하고 있습니다. 예를 들어, 일부 기업은 '디자인 씽킹'을 적용해 고객 중심의 문제 해결 접근법을 도입하고, '린 스타트업' 방식을 활용해 신속한 프로토타이핑과 시장 반응 테스트를 수행하고 있습니다. 따라서 기업 내부에 신사업 관련 프로세스가 확립돼 있지 않은 경우, 앞서 소개한 '디자인 씽킹', '린 스타트업', '아마존 워킹 백워드' 등과 같은 방법론을 검토해 내부 역량 강화 방안을 모색하는 것이 효과적일 수 있습니다.

신사업 추진에 참여하는 핵심 인력에게는 혁신적인 성과 창출을 유도할 동기 부여 방안으로서 적절한 보상 시스템을 사전에 구축해야 합니다. 사업 참여 인력의 성과 평가는 기존 업무 대비 상향된 기준을 적용하고, 팀원 모집 단계부터 사업 단계별 성공 시에 인센티브를 지급할 계획이라고 명확히 제시해야 합니다. 더불어 사업에 실패해도 원소속 부서 복귀 또는 희망 부서로의 이동을 보장해, 신사업 도전에 대한 부담을 줄이고 혁신적인 아이디어 실행을 촉진할 수 있도록 합니다.

예를 들어, 국내 주요 대기업들은 신사업 분야를 성공적으로 추진하고자 핵심 인재 확보 및 동기 부여에 힘쓰고 있습니다. 방안으로는 임원 후보군을 대상으로 신사업 책임자 직책을 부여하거나, 신사업 부서에 투입된 인력에게 3년 후 원 소속 부서 복귀 기회를 제공하는 등 유연한 인사 정책을 시행하고 있습니다. 더불어 특정 단계 목표 달성 시 인센티브를 지급하는 제도를 운영해 신규 사업 참여자들의 성과 창출을 장려하고 있습니다.

CHECK LIST

1. 신사업에서 성공하려면 사업 핵심 역량을 먼저 확보해야 합니다.
2. 혁신적 사고, 산업 경험, 리더십 역량을 갖춘 핵심 인재를 책임자로 선정하고, 신사업 우선순위 부여 및 적절한 보상 체계를 마련해야 합니다.
3. 신사업 팀은 불확실한 환경에 유연하게 대처할 수 있도록 소규모 핵심 인력으로 구성하며, 명확한 역할과 책임을 부여해야 합니다.
4. 신속하게 의사 결정을 하려면 의사 결정 절차를 간소화하고, 권한을 위임하며, 최고경영자와의 효율적인 소통 체계를 구축해야 합니다.
5. 사업 기회 발굴부터 실행까지 체계적인 프로세스를 확립하고, 핵심 인력에게는 혁신적인 성과 창출을 목표로 하도록 적절한 보상 시스템을 제공해야 합니다.

4

신사업 실행

이제 본격적인 신사업 실행에 대해서 알아보도록 하겠습니다. 앞선 단계에서 도출된 다양한 사업 아이디어가 어느 정도 확보됐다면, 프로토타입 구현, 고객 가치 검증과 함께 사업계획서를 준비하는 것이 필요합니다. 이후 PoC, 전시회, 크라우드 펀딩 등을 통해 신제품이나 서비스를 공개하고 초기 시장 반응을 확인하는 것이 중요합니다. 이러한 결과들을 종합해 최종 사업화 승인을 진행하게 됩니다.

4.1 신사업 구체화

신사업을 구체화하기 위해서는 먼저 고객을 이해하는 과정을 통해 그들이 겪는 어려움, 필요로 하는 사항, 혹은 욕구를 불러일으키는 목표를 파악해야 합니다. 이후 고객에게 제공할 가치에 대한 구체적인 아이디어를 모으고, 회사 내부 및 외부적으로 새로운 사업을 추진할 수 있는 역량을 갖추었다면, 이제 다음과 같이 신사업을 구체화하는 단계로 나아가야 합니다.

- 사업계획서 작성
- 프리토타입 / 프로토타입 구현
- 고객 가치 검증
- 사업성 점검

1. 사업계획서 작성

성공적인 신사업 추진을 위해서는 사업계획서가 필수적인 기준점으로 작용하며, 이는 타인의 공감과 이해를 효과적으로 끌어낼 수 있는 간결하고 종합적인 문서로 작성돼야 합니다.

일반적으로 사업계획서는 발표 자료 형태로 구성되며, 백서, 투자 제안서 등의 형식으로 작성돼 설득력 있는 하나의 스토리를 전달해야 합니다. 흔히, 신사업 초기 단계에서 사업 계획 수립보다는 고객 가치 창출에 우선순위를 두는 경우가 많지만, 신사업 초기 단계부터 사업계획서 초안을 작성하고 이를 꾸준히 보완 및 개선해 나가는 것이 중요합니다.

이를 위해 사업계획서를 피드백받을 기회를 정기적으로 운영하고, 시장 조사 데이터를 반영하며, 전문가 조언을 받아 사업 모델의 타당성을 지속적으로 검토하는 과정이 필요합니다.

사업계획서는 새로운 사업을 조직적으로 추진하기 위한 전략적 로드맵이며, 조직 내부의 의사 결정 및 외부와의 소통에서 중요한 역할을 수행합니다.

신사업의 추진 과정에는 다양한 이해관계자들이 관여하므로, 각 주체의 시각과 이해관계를 효과적으로 조정하지 못할 경우 사업의 방향성이 불명확해질 수 있으며, 실행 단계에서 불필요한 갈등 및 비용이 초래될 수 있습니다. 이러한 문제점을 미연에 방지하고 사업의 효율성을 증대시키기 위해서는 명확하고 체계적으로 구성된 사업계획서가 필수적입니다.

사업계획서는 조직 내부의 의사 결정권자, 실무 담당 부서, 그리고 관련 지원 부서 간에 사업 목표, 기대 효과 및 실행 전략에 대한 합의를 도출하는 데 필수적인 토대를 제공합니다. 이를 통해 조직 구성원 모두는 사업 추진의 목적, 목표 및 성과 측정 지표, 그리고 자원 투입 시점, 방식 및 성과 창출 계획을 명확히 이해할 수 있습니다.

더불어 사업계획서는 중간 점검 시 활용 가능한 객관적인 판단 기준을 제시해, 필요한 경우 전략적 방향 전환 또는 자원 재분배를 효율적으로 실행할 수 있도록 합니다.

대외적으로는 투자자, 협력 기업, 잠재 고객, 정부 기관 등 주요 이해관계자에게 사업의 가치와 실현 가능성을 명확히 제시하는 데 활용됩니다. 투자자에게는 사업의 성장 가능성과 수익 모델을 설득하고, 협력 기업에는 시너지 효과와 파트너십의 이점을 부각해야 합니다.

　잠재 고객에게는 제품 또는 서비스의 차별성과 가치를 전달하며, 정부 기관에는 산업 발전 기여도 및 정책 적합성을 강조하는 것이 효과적입니다. 이상적인 사업계획서는 비전, 목표 시장, 제공 서비스 혹은 제품에 대한 개요, 수익 모델, 핵심 성과 지표(KPI), 경쟁력 확보 요인 등이 체계적으로 기술돼 있어 이해관계자들이 사업의 성장 잠재력과 신뢰성을 객관적으로 평가하도록 돕습니다.

　특히, 투자 유치 단계에서 사업계획서는 투자자를 설득하는 데 중추적인 역할을 수행하며, 이를 바탕으로 재무 타당성과 미래 수익성에 대한 설득력을 제고할 수 있습니다.

　결론적으로, 사업계획서는 신규 사업의 추진 전략, 자원 배분, 위험 관리, 그리고 이해관계자 설득에 있어 핵심적이고 필수적인 경영 도구로서 역할을 합니다. 이를 효과적으로 활용하면 성공적인 투자 유치, 조직 내 합의 형성, 실행 과정의 효율성 증대, 그리고 리스크 최소화 등의 실질적인 성과를 도출할 수 있습니다.

　사업계획서에 반드시 포함돼야 할 핵심 요소는 다음과 같습니다.

명확한 비전과 목표 제시

신규 사업 추진의 배경 및 목표는 모호성을 배제하고 구체적이고 명확하게 기술돼야 합니다. 이를 위해 SMART 목표 설정법(Specific, Measurable, Achievable, Relevant, Time-bound)을 활용해 목표를 수립하는 것이 효과적입니다.

예를 들어, '3년 내 시장 점유율 10% 확보'와 같이 구체적인 수치와 기한을 포함하는 방식이 바람직합니다. 추상적인 포부나 방향 설정이 아닌, 특정 시장 상황, 해결하고자 하는 문제점, 그리고 창출하고자 하는 고객 가치 등 실질적인 내용을 명시해야 합니다.

정량적이고 실증적인 근거 제시

정량 지표, 예컨대 시장 규모, 성장률, 잠재 고객 수, 가격 책정 전략, 수익, 비용 구조 등을 토대로 가설을 검증하고 합리적인 예측치를 제시해야 합니다.

이러한 주장을 뒷받침하기 위해서는 공신력 있는 시장 조사 자료, 고객 인터뷰 결과, 아이디어 구현 결과, 그리고 경쟁사 분석 자료와 같이 객관적으로 검증할 수 있는 데이터를 활용하는 것이 바람직합니다.

일관성 있는 논리 전개

신사업의 성공적인 추진을 위해서는 비전, 목표, 전략, 실행 계획, 재무 예측을 포함한 모든 사업 구성 요소 간의 유기적인 연관성이 필수적입니다. 특정 규모의 목표 시장을 설정한 경우, 해당 시장 진입을 위한 마케팅 전략, 유통 채널 구축 방안, 인력 투자 계획, 자금 조달 계획 등이 논리적으로 일관성을 갖추어야 합니다.

사업계획서를 검토하는 이해관계자들은 위와 같은 연계를 통해 "해당 상품 또는 서비스의 시장 수요는 존재하는가?", "사업 실행 가능성은 충분한가?", "목표 달성에 필요한 실행 역량 및 자원은 확보됐는가?" 등의 핵심 질문에 대한 명확하고 일관된 답변을 사업계획서 내에서 확인할 수 있어야 합니다.

명확한 일정과 자원 배분 계획

신사업 추진 계획 수립 시, 단순한 일정표를 넘어 단계별 주요 목표(마일스톤)와 성과 측정 기준을 명확히 제시해야 합니다. 이는 사업 진행 중에 발생할 수 있는 지연 요인 및 위험 요소를 사전에 감지하고 적절히 대처하는 데 기여합니다.

더불어 투입 예정인 인력, 예산, 기술, 전략적 협력 회사 등의 자원 활용 계획이 구체적으로 명시돼야 합니다.

위험 요소 및 대안 시나리오 제시

신규 사업 추진은 불가피하게 불확실성을 내포하므로, 발생할 수 있는 부정적 상황을 사전에 예측하고, 각 상황에 대한 전략적 대안을 마련하는 것이 중요합니다.

이는 사업계획서 검토자에게 "시장 반응이 기대에 미치지 못할 경우", "경쟁사의 급격한 가격 인하에 직면할 경우", "주요 공급 업체의 계약 철회 시" 등과 같은 위기 상황에서 기업이 확보한 대응 방안을 제시함으로써, 사업의 안정성을 제고하는 데 기여할 수 있습니다.

예를 들어, 시장 반응이 저조할 경우 초기 프로모션 전략을 수정하거나 가격 조정을 통해 수요를 촉진할 수 있습니다. 경쟁사의 가격 인하에 대응하기 위해서는 차별화된 부가 가치 제공 전략을 수립하고, 주요 공급 업체의 계약 철회에 대비해 대체 공급 업체를 미리 확보하는 등의 계획이 필요합니다.

명료한 가독성과 전달력

아무리 훌륭한 전략과 데이터가 뒷받침되더라도, 문서가 지나치게 난해하거나 복잡한 구조로 이루어져 있다면 관련 이해관계자들의 신뢰를 얻고 관심을 유도하기 어렵습니다. 핵심 메시지를 효과적으로 부각하고, 그래프나 표와 같은 시각 자료를 적절히 활용하는 동시에, 전문 용어의 과도한 사용을 지양하며 핵심적인 통찰력을 명확하게 전달할 수 있는 표현과 체계적인 문서 구성이 필수적입니다.

사업계획서를 실질적으로 작성할 시에는 프레젠테이션 도구, 예컨대 파워포인트, 키노트 또는 구글 슬라이드 등을 이용해 총 15페이지 내외로 구성할 것을 추천합니다.

사업계획서 작성 경험이 처음인 경우 목차 구성에 어려움을 겪을 수 있으므로, 세계 최대 규모의 벤처 캐피털 회사인 '세콰이어 캐피털'[35], '500 Global'[36], 그리고 'Forbes'[37]에서 제시하는 목차 구성 방안을 참고하는 것이 유용할 수 있습니다.

사업계획서 작성을 위한 파워포인트 템플릿은 '미리캔버스'[38]에서 무상으로 제공되는 다양한 디자인을 이용할 수 있습니다. 또한, 사업계획서 작성 전문 인공지능 기업인 '독스헌트AI'[39]를 활용하면 더욱 효율적인 문서 작성이 가능합니다.

추가로, 최근 많은 관심을 받는 ChatGPT 등 생성형 AI를 활용한 사업계획서 초안 작성과 관련해서는 '부록 2'에 예제 프롬프트를 수록했습니다.

2. 프리토타이핑 / 프로토타이핑 구현

'프리토타이핑(Pretotyping)'과 '프로토타이핑(Prototyping)'은 제품 개발 초기 단계에서 아이디어의 타당성을 검증하고 개선하는 데 활용되는 방법론이라는 공통점을 가지지만, 그 목적과 접근 방식에서 뚜렷한 차이를 보입니다.

'프리토타이핑'은 아이디어의 시장성 검증에 주안점을 두며, 이를 위해 사용자 설문, 클릭 수 분석, A/B 테스트, 가짜 광고 캠페인 운영 등의 방법을 활용해 잠재 고객의 실제 관심도와 수요를 측정합니다. 실제 제품 또는 서비스 개발에 앞서 핵심적인 가설이나 기능이 시장에서 성공할 가능성이 있는지를 신속하고 경제적으로 평가하는 것을 목표로 합니다.

'프리토타이핑'[40]은 「구글」의 전 엔지니어링 디렉터였던 '알베르토 사보이아(Alberto Savoia)'가 신제품 개발 과정에서 빈번하게 발생하는 실패를 최소화하고자 고안한 개념입니다.

그는 제품 개발 이전 단계에서 아이디어의 시장 적합성을 사전 검증하기 위한 방법론으로 '프리토타이핑'을 제시했습니다. 이는 'Pretend(가정한다)'와 'Prototype(시제품)'의 합성어로, 실제 작동하는 샘플을 제작하기 전에 제품이 이미 존재하는 듯한 상황을 연출해 시장의 반응을 평가하는 과정을 의미합니다.

'프리토타이핑'은 제품 또는 서비스의 가장 기본적인 형태를 신속히 제작해 잠재 고객의 반응을 측정함으로써, 신사업 아이디어의 실행 가능성과 시장성을 사전에 평가하는 방법론입니다. 이를 통해 기업은 대규모 투자를 실행하기 전에 아이디어의 유효성을 조기에 검증하고, 불필요한 개발 비용과 시간을 효과적으로 절감할 수 있습니다.

그뿐만 아니라, 초기 단계에서 시장의 의견을 수렴하고 이를 제품 개발 과정에 반영함으로써, 고객 만족도를 극대화할 수 있도록 제품이나 서비스를 지속적으로 개선할 수 있습니다.

그러나 '프리토타이핑'은 아이디어의 특정 부분에 대한 검증에 국한되므로, 제품의 전체적인 완성도나 기술적 구현 가능성을 완벽하게 평가하기에는 한계가 있습니다. 또한,

간소화된 형태로 진행되는 만큼 실제 시장 반응과 다소 차이가 발생할 수 있으며, 잠재 고객이 이를 실제 제품으로 오해해 부정적인 인상을 가질 가능성도 존재합니다.

대표적인 '프리토타이핑' 기법으로는 기계 대신 사람이 숨어서 제품 역할을 수행하는 'Mechanical Turk', 존재하지 않는 제품의 랜딩 페이지로 관심을 유도한 뒤 반응을 확인하는 'Fake Door', 그리고 하드웨어 제품의 경우 라즈베리파이와 3D 프린팅을 활용해 간단한 기능을 구현해 보는 방식 등이 있습니다.

널리 알려진 사례 중 하나로, 「IBM」의 음성 인식 기술 검증 실험(오즈의 마법사 프로젝트)을 들 수 있습니다. 「IBM」은 음성 인식 기술의 상용화에 앞서, 시장의 수요와 사용자 경험을 더욱 정확하게 파악하기 위해 실제 기술 구현 없이도 마치 음성 명령에 반응하는 듯한 시연 장치를 활용했습니다. 이를 통해 고객의 기대 수준을 조기에 이해하고, 개발 비용을 절감하며, 기술적 한계를 보완할 수 있는 방향성을 설정하는 것이 목적이었습니다.

그러나 실제로는 사람이 배후에서 명령을 청취하고 키보드 조작을 통해 이를 시행함으로써, 장치가 음성 인식을 수행하는 것처럼 보이도록 연출했습니다. 이러한 방식으로 「IBM」은 음성 기반 사용자 인터페이스에 대한 잠재 고객의 반응, 기대 수준, 그리고 사용자 경험 관련 문제점을 조기에 파악하고, 실제 사용자 인터뷰, 행동 관찰, 사용 패턴 분석을 통해 음성 명령에 대한 직관성, 응답 속도, 오류 발생 시 사용자의 반응 등을 면밀히 조사했습니다.

'프리토타이핑'의 다른 사례로 1990년대 중반 휴대용 디지털 정보 단말기(PDA) 시장을 개척하고자 했던 「팜(Palm)」의 설립자 '제프 호킨스(Jeff Hawkins)'의 사례는 주목할 만합니다. 그는 실제 기기 제작에 앞서 팜파일럿과 동일한 크기로 나무 블록을 제작해 휴대하면서 일상생활 속에서 해당 기기의 휴대 편의성, 사용자의 작업 흐름, 그리고 사용자 인터페이스를 시뮬레이션했습니다.

이를 통해 사용자가 기기를 얼마나 자주 사용하는지, 어느 상황에서 가장 필요로 하는지, 그리고 어떤 크기와 무게가 적절한지를 직접 체험하며 피드백을 얻을 수 있었습니다. 이른바 '목재 블록'이라 불리는 이 모형은 제품 개발 단계 이전의 사용자 경험 및 사용 패턴에 대한 초기 검증 도구로 활용됐으며, 최종 제품 개발 과정에서 핵심 기능인 일정 관리, 연락처 관리, 작업 목록 관리 등의 중요성을 재차 확인하는 데 기여했습니다. 이는 최소한의 비용으로 제품이 일상생활에 효과적으로 통합될 수 있는지를 사전에 검증한 대표적인 사례로 평가됩니다.

'프리토타이핑'과 달리 '프로토타이핑'은 제품 또는 서비스의 초기 모델을 제작해 사용자 피드백과 기능 검증을 수행함으로써 개선점을 도출하는 방법론입니다. 이는 시제품을 개발하고, 실제 사용자 경험을 토대로 디자인 및 기능적 측면을 점진적으로 개선해 나가는 과정을 핵심으로 합니다.

'프로토타이핑'은 제작 복잡도와 제품 유사도에 따라 두 가지 주요 유형으로 구분합니다. 낮은 수준의 구현을 특징으로 하는 'Low-Fidelity 프로토타입'은 종이 또는 간략한 도구를 활용해 신속한 테스트 및 피드백 수집에 용이하며, 이는 '프리토타이핑'과 유사한 형태입니다. 반면, 'High-Fidelity 프로토타입'은 실제 제품과 거의 동일한 수준으로 제작돼 더욱 상세하고 현실적인 피드백을 얻는 데 효과적입니다.

예를 들어, 버튼의 클릭 감각, 화면의 응답 속도, 실제 사용 환경에서의 내구성 등을 테스트할 수 있으며, 이를 통해 최종 제품의 사용자 경험을 더욱 정교하게 조정할 수 있습니다.

「다이슨(Dyson)」진공청소기는 성공적인 '프로토타이핑'의 대표적인 예로 꼽힙니다. 설립자인 '제임스 다이슨'[41]은 기존 백 필터 방식 진공청소기의 단점을 보완하고자 사이클론 기술을 응용한 혁신적인 청소기 개발에 착수했습니다. 실제 흡입력과 먼지 분리 성능을 검증하기 위해 무려 5,000회 이상의 '프로토타이핑'을 통해 백 필터 교체의 필요성을 제거한 획기적인 청소기를 완성했으며, 이를 통해「다이슨」은 시장에 새로운 기술적 기준을 제시하며 세계적인 가전 기업으로 성장하는 발판을 마련했습니다.

이와 유사한 사례로「오큘러스」의 VR 헤드셋을 들 수 있습니다. 가상현실 기술에 대한 대중의 관심은 높았으나, 시장에 출시된 제품들의 완성도가 기대에 미치지 못하던 상황에서 '팔머 러키(Palmer Luckey)'는 현실감과 몰입도가 뛰어난 VR 기기 개발에 착수했습니다.

그는 초기 단계에서 3D 프린팅 기술 등을 적극적으로 활용해 렌즈 배치, 센서 구성,

헤드셋 무게 균형 등 사용자 경험에 직접적인 영향을 미치는 요소를 개선하기 위해 수십 차례에 걸쳐 '프로토타입'을 제작했습니다.

또한, 개발자 커뮤니티 및 얼리 어답터로부터 수집된 피드백을 바탕으로 하드웨어 및 소프트웨어를 지속적으로 발전시켰습니다. 이러한 끊임없는 '프로토타이핑' 과정을 거친 결과, 「오큘러스」는 「킥스타터(KICKSTARTER)」에서 크라우드펀딩을 통해 성공을 거두었으며, 이후 「메타」에 인수돼 가상현실 기술 대중화에 기여하는 주요 기업으로 성장했습니다.

3. 고객 가치 검증

새로운 사업 구상에서 창출하고자 하는 고객 가치를 명확히 설계했다면, 반드시 고객의 시각에서 그 가치를 검증하는 과정이 수반돼야 합니다. 본격적인 고객 조사 시행에 앞서 사전에 검토해야 할 주요 고려 사항을 제안합니다.

언제(When) 조사할 것인가?

고객 조사는 특정 제안에 대한 고객의 반응을 수집하는 절차이므로, 조사 목적과 질문 구성이 명확해야 합니다. 신사업 구상 초기에는 다양한 아이디어를 바탕으로 여러 콘셉트 후보군이 존재할 수 있으며, 이럴 때 먼저 '콘셉트 스크리닝 조사'를 통해 최적의 콘셉트를 선별할 수 있습니다.

이후 단일 콘셉트를 구체화하기 위한 '콘셉트 선호도 조사'(선호도 및 차별성 확인), 프로토타입 혹은 시제품의 실효성을 검증하는 '고객 수용성 평가'(실제 사용 가능성 및 구매 의사 검증), 그리고 제품 출시 이후 소비자 반응을 모니터링하는 '신제품 초기 반응 조사' 등의 단계를 거쳐 조사를 진행할 수 있습니다.

무엇(What)을 조사할 것인가?

상품 또는 서비스의 콘셉트 스크리닝 및 선호도 조사 단계에서는 고객이 핵심 콘셉트를 정확하게 인지하도록 '콘셉트 보드'나 '프리토타입'을 활용하는 것이 효과적입니다.

'콘셉트 보드'에는 핵심 고객 가치, 목표 고객의 불만 또는 필요 항목, 제공되는 고객 가치로 인한 혜택, 그리고 해당 신제품 또는 서비스를 선택해야 하는 합리적인 근거(Reason to Believe)가 간결하고 명확하게 제시돼야 합니다.

고객 수용성 평가 시에는 실제로 고객 가치를 구현한 '프로토타입'을 제공해 디자인 선호도, 기능적 만족도, 구매 의사, 가격 수용력 등을 면밀히 파악하는 것이 중요합니다.

어떻게(How) 조사할 것인가?

고객 조사는 크게 '정량 조사(Quantitative Research)'와 '정성 조사(Qualitative Research)'로 나눌 수 있습니다.

'정량 조사'는 대규모 표본으로부터 객관적인 수치 데이터를 수집해 고객 행동이나 태도를 통계적으로 분석하고 일반화하는 데 중점을 둡니다. 시장 규모 추정, 고객 만족도 측정 등 수치화할 수 있는 결과 도출이 주요 목적이며, 예를 들어 신제품 출시 전 시장 수요 예측이나 특정 브랜드 인지도 측정 등에 활용됩니다.

구조화된 설문지를 이용해 동일한 질문 항목으로 다수 응답자의 데이터를 수집하고, 대면, 전화, 온라인 등 다양한 방법을 사용할 수 있습니다. 최근에는 조사 비용이 적고 다양한 지역 및 국가에서 빠르게 조사가 가능한 온라인 설문이 선호되는 추세입니다.

'정량 조사'의 장점은 응답자 간 일관된 해석이 가능하고, 통계 분석이 용이하며, 비용 대비 큰 표본을 확보할 수 있다는 점입니다. 일반적인 신사업의 콘셉트 스크리닝이나 콘셉트 선호도 조사에서도 목표 고객을 명확히 설정한 뒤 1,000명 내외로 진행해 신뢰도를 높이기도 합니다.

그러나 수치 데이터만으로는 고객의 심리나 동기를 완전히 파악하기 어렵기 때문에 이를 보완할 수 있는 '정성 조사'와 병행하는 것이 좋습니다. 또한, 응답자가 의도적으로 솔직하지 않은 답변을 하거나, 실제로는 불만족하면서도 중립적 혹은 긍정적으로 응답하는 편향이 있을 수 있으므로 결과 해석 시 주의가 필요합니다.

'정성 조사'는 소수의 응답자와 심층 인터뷰 또는 토론을 통해 고객 심리와 행동 동기 등 깊이 있는 인사이트를 도출하는 것을 목적으로 합니다. 주로 신제품 개발이나 브랜드 전략 수립 시 고객의 내면적 욕구를 파악하는 데 활용되며, 예를 들어 새로운 제품 콘셉트 테스트나 특정 브랜드 이미지 개선 과제에 유용합니다. 또한, 주요 방법으로 앞서 소개한 '심층 인터뷰', '포커스 그룹 인터뷰', '포커스 그룹 토론(Focus Group Discussion, FGD)', '관찰 조사(Ethnographic Research)' 등이 있습니다.

누가(Who)가 조사할 것인가?

기업 규모와 관계없이 인적 자원이 제한적인 상황에서, 한두 명의 상품이나 서비스 기획자가 외부 조사 기관과 협력해 소비자 조사를 수행하는 경우가 빈번합니다.

이 과정에서 실무 기획자가 기존에 지지하는 개념이나 기능을 정당화하기 위해 조사 결과를 자의적으로 해석하거나 왜곡할 가능성이 있습니다. 그러므로 객관적인 소비자 검증을 확보하기 위해서는 상품, 서비스 기획 담당자와 고객 조사 수행 담당자의 분리 운영이 신뢰성을 높이는 데 도움이 됩니다.

지금까지 통상적인 고객 조사 방법론에 대해 살펴보았습니다. 제안하고자 하는 신규 사업의 상품 또는 서비스가 고객의 주요 불편 사항을 직접적으로 해소하는 솔루션일 경우에는 앞서 설명해 드린 조사 방식의 활용성이 비교적 높습니다.

그러나 고객이 경험하지 못했거나 인지하지 못했던 혁신적인 상품 또는 서비스를 기획하는 상황에서는 정량적 조사만으로 충분한 인사이트를 확보하기 어려울 수 있습니다.

이러한 어려움을 해결하고자 「마이크로소프트」, 「애플」, 「구글」 등 미국의 주요 IT 기업들은 자사 임직원이 개발 중인 제품 및 서비스를 먼저 사용하도록 장려하고 이를 통해 품질과 가치를 검증하는 '도그푸딩(Dogfooding)' 기법을 활용합니다.

이는 제품 출시에 앞서 실제 사용 환경에서 발생할 수 있는 잠재적 문제점을 조기에 파악하고 개선하기 위한 전략입니다.

'도그푸딩'이라는 용어의 기원에는 두 가지 설이 존재합니다. 첫 번째 설은 1970년대 미국의 애견 사료 제조 기업인 「알포(Alpo)」의 CEO였던 '론 그린(Ron Green)'이 자사의 제품을 직접 자신의 애견에게 제공한 일화에서 비롯됐다는 설과, 1980년대 「마이크로소프트」 내부 이메일에서 "Eating our own Dogfood"라는 표현이 사용되면서 IT업계 전반으로 확산했다는 설이 있습니다.

'도그푸딩' 절차는 내부 임직원에게 해당 제품을 배포하고, 그들의 업무 및 일상 생활에서의 실제 사용을 통해 발생하는 문제점과 개선 사항에 대한 의견을 수렴하는 방식으로 진행됩니다. 취합된 피드백을 심층적으로 분석해 결함을 보완하고 사용자 경험을 최적화한 후, 통상적으로 1~2주 간격의 소프트웨어 업데이트를 통해 제품의 완성도를 점진적으로 향상합니다.

이러한 내부 사용 방식은 잠재적 결함을 조기에 식별하고 수정하는 데 도움을 줍니다. 이를 통해 최종 소비자에게 더욱 우수한 품질의 제품을 제공할 수 있습니다. 또한, 임직원이 제품을 직접 사용하면서 이해도를 높이고 소속감을 증진할 수 있습니다. 이는 직무 만족도와 동기 부여에도 긍정적인 영향을 미칩니다. 더불어 제품 출시 이전에 문제점을 파악하고 개선함으로써 출시 후 유지보수 비용을 절감하는 효과를 기대할 수 있습니다

그러나 내부 임직원은 제품 또는 서비스에 대한 사전 지식을 보유하고 있어 일반 사용자와는 다른 사용 경험을 가질 수 있으며, 이는 객관적인 평가를 방해하는 요인으로 작용할 수 있습니다. 아울러 내부 테스트만으로는 실제 사용자의 다각적인 요구 사항과 다양한 사용 패턴을 완벽하게 반영하기 어렵다는 제한점이 존재합니다.

이와 대조적으로, IT 및 전자 산업 분야에서 빈번하게 활용되는 '베타 테스트'는 잠재적 최종 사용자 또는 외부 테스터 그룹에 제품의 완성 단계에 근접한 버전을 배포해 실제 사용 환경에서 의견을 수렴합니다. 이 과정을 통해 다변화된 사용자 환경에서 발생할 수 있는는 문제점을 파악하고, 사용자 경험을 향상하는 데 초점을 맞춥니다. 따라서 제한된 사내 인력만으로 수행되는 '도그푸딩'과는 차별화된 접근 방식을 취한다고 볼 수 있습니다.

4. 사업성 점검

    신사업 구체화 단계에서의 사업성 평가 시에는 단순한 시장 매력도 분석을 넘어, 제공하고자 하는 고객 가치가 기업의 '핵심 경쟁력'으로 자리매김할 수 있는지에 대한 심층적인 검토가 필요합니다.

    이 단계에서 신사업의 사업성을 평가할 때, 다음과 같은 핵심 질문들이 도움이 될 수 있습니다.

- 제시하는 신사업 비즈니스 모델이 진입하고자 하는 사업 영역을 명확히 정의하고 있으며, 매출 및 수익 창출 흐름이 구체적으로 잡혀 있는가?

- 신사업 성공을 위한 단계별 요건과 위험(Risk) 대응 방안이 마련돼 있으며, 추가 검증을 위한 구체적인 계획이 수립돼 있는가?

- 경쟁사 대비 차별화된 경쟁 우위 요소(예: 진입 장벽, 가격 구조, 디자인, 기능, 성능, UX 우위)가 확보돼 있는가?

- 기존 사업과의 시너지 효과를 기대할 수 있는가?

- 신사업 육성을 위한 자원 투입 계획(인력, 투자, 개발비, 시장 조사비 등)이 현재 기업이 부담할 수 있는 범위 내에서 합리적으로 설정돼 있는가?

- 자사의 사업 역량을 감안했을 때, 내부 육성만으로 충분히 실현 가능한가, 아니면 외부 협력이나 외부 투자가 필요한가?

4.2 신사업 시장 검증

신사업의 시장 검증은 본격적인 시장 진입에 앞서 "실제 시장 환경 내에서 해당 사업의 성공 잠재력을 사전에 평가하는 과정"을 의미합니다. 이 과정을 통해 기획된 고객 가치가 고객의 요구 및 기대 수준에 부합하는지 여부를 면밀히 검토해 제품과 시장 간의 적합성을 판별하고, 시장의 수요를 정교하게 분석함으로써 신사업 투자 리스크를 최소화합니다.

또한 실제 시장 환경에서 신제품이나 서비스의 품질 수준을 평가해 개선점을 도출하고 시장 진입 전략, 마케팅 기획, 가격 책정 정책 등을 수립하는 데 필요한 데이터를 확보하는 것을 주된 목표로 설정합니다.

기존 사업 영역 내에서 확립된 사업 모델을 바탕으로 신사업을 추진하는 대기업은 이미 구축된 내부 검증 절차를 활용해 효율적으로 사업을 진행할 수 있습니다. 이는 기존 프로세스를 그대로 적용할 수 있기 때문입니다. 그러나 기존 사업 영역과 이질적인 분야에서 신사업을 추진할 경우 시장 및 고객 특성의 현저히 차이 나므로 기존의 프로세스만으로는 신규 제품 또는 서비스의 고유한 특징을 적절히 반영하기 어렵다는 점을 고려해야 합니다.

하드웨어 제품 출시를 신사업으로 추진할 경우, 시장 타당성 검증에 드는 투자액과 절차의 복잡성은 소프트웨어 기반 서비스에 비해 상대적으로 높습니다. 이는 하드웨어는 물리적 구조물을 제작해야 하며, 디자인 및 재료에 따라 단순 가공을 넘어 금형 제작이 요구될 수 있어 초기 투자 비용이 증가합니다. 특히 전자 또는 전기 회로가 통합된 제품은 PCB 제작, 최소 구매 수량 제한이 있는 부품 조달, 양산 라인 구축 등의 단계를 거쳐야 합니다. 제품 종류에 따라 시장 검증 대상 국가의 안전 및 전자파 적합성 인증을 획득해야 할 수도 있습니다.

다만, 최근 정부 주도로 '규제 샌드박스'와 같은 신사업 지원 제도가 마련됐으며, 3D 프린팅 기술을 활용해 금형 제작 없이 시제품을 용이하게 제작할 수 있습니다. 나아가 최소 수량 확보가 가능하다면 자체 생산 시설을 구축하지 않고 외부 위탁 생산 업체를 적극적으로 활용하는 방안도 고려할 수 있습니다.

아래에서 대기업과 중소기업은 물론, 스타트업 역시 활용할 수 있는 다양한 시장 검증 방법을 자세히 살펴보겠습니다.

1. PoC(Proof of Concept)

1960년대 후반부터 쓰인 이 단어[42]는 새로운 아이디어 또는 기술이 실제로 작동하는지, 예상되는 결과를 얻을 수 있는지 검증하는 과정으로 광범위하게 사용되고 있습니다. 특히 스타트업이나 신사업 초기에 시장에서 핵심 고객 가치를 검증하는 데 중요하게 활용되고 있습니다.

일반적인 'PoC' 프로세스는 다음과 같습니다.

사전 준비

PoC를 시작하려면 PoC를 통해 달성하고자 하는 구체적인 목적이 우선 설정돼야 합니다. 예를 들면 신제품이나 신규 서비스의 핵심 기능, 성능, 고객 만족도 측정이 포함됩니다. 두 번째로 핵심 고객 가치를 포함한 최소 기능 제품을 명확히 정의하고, MVP에서 검증할 항목을 선정합니다. 또한 하드웨어 제품이라면 국가 규격이나 인증 여부 등의 점검이 필요합니다.

활동 기획

이 단계에서는 PoC 결과에 영향을 미칠 수 있는 대표적인 고객군을 선정하고, 정성적/정량적 방법으로 검증 항목을 평가할 구체적인 방법을 수립합니다. 예를 들면, 설문조사, 인터뷰, A/B 테스트 등이 있습니다. 또한 MVP Working Sample 제작 수량, 생산 방법, 생산지 등 전반적인 투자 예산 등을 정하고, 마지막으로 각 검증 항목에 따라 검증 주체 부서를 명확히 선정합니다.

검증 실시

MVP Working Sample을 생산해 내부 팀원들을 대상으로 Working Sample의 기능 및 성능을 정량/정성적으로 확인한 후, 선정된 고객을 대상으로 신제품이나 신규 서비스를 제공하고 피드백을 수집합니다. 고객 대상으로 무상이나 유상으로 PoC를 진행할 수 있지만, 실제 고객의 '지불 가치'까지 평가하려면 유상으로 PoC를 진행할 필요가 있습니다.

검증 결과 Review

고객으로부터 수집된 Data를 분석해 PoC 목표 대비 달성도를 평가하고, 고객의 만족도와 불만족 요소를 점검합니다. 이러한 검증 결과를 바탕으로 개선 사항과 보완 개발 계획을 도출해 추가 진행 여부를 결정합니다.

　PoC를 진행할 때 고려해야 할 사항은 PoC의 실효성을 높이려면 반드시 '현장', '현물', '현실'에 기반한 검증을 진행해야 한다는 것입니다. 이와 함께 제품, 기능, 디자인 및 MVP 제품이나 서비스를 꼼꼼히 검토하려면 개발, 디자인, 품질, 마케팅 등 모든 관련 부서가 참여하며, PoC 진행 중 고객의 의견을 지속적으로 업데이트해 검증 과정의 정확성을 높여야 합니다.

PoC 종료 후에는 투명하게 결과를 공유해 모든 관련자가 대응 방안을 논의하도록 합니다. 그래서 신사업의 고객 가치를 개선하는 작업도 반드시 추진해야 합니다.

이러한 PoC 추진 방법 외에도 관련 전문 전시회나 콘퍼런스에서 '제품 공개 시연', '크라우드 펀딩' 등을 통해 신사업의 시장 검증을 진행해 볼 수 있습니다.

2. 제품 공개 시연

신사업 관련 전시회 및 콘퍼런스에 참가해 개발 제품을 직접 시연하고, 현장에서 잠재 고객의 관심과 즉각적인 피드백을 확보해 고객 반응을 측정하는 방법이 있습니다.

이는 브랜드 인지도 제고와 초기 고객 확보에 이바지할 수 있다는 이점이 있으나, 궁극적으로 소비자의 구매 결정에 영향을 미치는 시장성을 정확히 평가하는 데에는 한계가 있습니다.

3. 크라우드 펀딩

'크라우드 펀딩'은 온라인 플랫폼을 이용해 다수의 개인으로부터 소규모 자금을 조달해 제품 개발 및 시장 출시를 가능하게 하는 투자 방식입니다. 이는 신사업으로 진행할 제품 또는 서비스의 시장 초기 수요를 검증하고, 필요한 자금을 확보하며, 브랜드 인지도를 높이는 데 기여합니다. 아울러, 사업 초기 단계에서 잠재 고객의 의견을 수렴해 제품 개선에 활용할 수 있다는 장점이 있습니다.

이 방법은 제품 개발 자금 조달과 더불어 시장 반응을 동시에 확인할 수 있는 효과적인 수단입니다. 그러나 목표 금액 달성에 실패하면 모금액 전액이 투자자에게 반환되므로 프로젝트 진행이 어려워질 수 있으며, 제품 출시 이전에 디자인 및 핵심 사양이 공개됨에 따라 지적재산권 침해 위험이 존재합니다. 또한, 예측하지 못한 개발 지연 또는 품질 관련 문제가 발생하면 후원자와의 신뢰가 저하될 수 있으므로 주의해야 합니다.

국내 '크라우드 펀딩' 플랫폼은 「와디즈」, 「크라우디」, 「텀블벅」 등이 대표적이며, 그중에서도 「와디즈」는 사업 계획 대비 상당한 규모의 펀딩 유치에 성공해 홍보 효과를 높이고, 나아가 후속 유통 경로 확보의 발판을 마련한 스타트업의 성공적인 사례[43]를 선별해 소개하고 있습니다.

해외 '크라우드 펀딩'의 성공적인 사례로는 2012년 「킥스타터」에서 약 1,030만 달러의 자금을 확보해 웨어러블 기술 분야에서 혁신을 이룬 스마트워치 '페블(Pebble)'과, 2014년에 약 1,300만 달러의 자금 조달에 성공해 캠핑용품 시장에 새로운 바람을 불러일으킨 아이스박스 '쿨리스트 쿨러(Coolest Cooler)'를 들 수 있습니다. 또한, 크라우드소싱 방식을 채택한 「웨이즈(Waze)」는 2013년 「구글」에 약 13억 달러에 인수돼 그 가치를 인정받았습니다.

이러한 사례들은 '크라우드 펀딩'이 혁신적인 아이디어를 실제 제품으로 구현하는 과정과 시장 진출에 중요한 역할을 한다는 점을 보여줍니다.

CHECK LIST

1. 신사업 시장 검증은 실제 시장 환경에서 사업 성공 가능성을 사전에 평가해 고객 가치 부합 여부, 시장 수요, 투자 리스크 등을 확인하는 과정입니다.
2. 기존 사업 영역과 다른 분야의 신사업은 기존 검증 프로세스를 적용하기 어려우며, 특히 하드웨어 기반의 제품은 소프트웨어 기반 서비스보다 높은 투자 비용과 복잡한 규격 인증 절차를 수반합니다.
3. 'PoC'는 신사업 아이디어나 기술의 작동 가능성과 고객 가치를 검증하는 방법으로, MVP 제작, 고객 대상 검증, 결과 분석 및 개선 단계를 거칩니다.
4. 'PoC' 외에도 전시회 제품 시연이나 크라우드 펀딩 등을 통해 시장 반응을 확인하고 자금을 조달하며 브랜드 인지도를 높일 수 있습니다.

4.3
신사업 사업화 승인

신사업 시장 검증이 완료된 후에는 사업화 추진 여부를 최종적으로 결정해야 합니다.

신사업의 사업화 승인을 획득하려면 다각적인 요소를 검토해야 하지만, '최종 의사 결정권자'의 시각에서 반드시 평가해야 할 핵심적인 항목은 다음과 같습니다.

우선, 신사업의 성공 잠재력 평가는 시장 규모 또는 매력도와 같은 외부적 요인보다는 신사업에서 제공하려는 고객 가치의 차별화된 경쟁력 중심으로 이루어져야 합니다.

특히, 스타트업이 아니라 현재 사업을 영위하는 기업은 기존 사업 역량 및 연관 분야의 경험을 활용해 시장 변화(변곡점)에 능동적으로 대처할 수 있는 신규 사업 모델을 수립하는 전략이 효율적입니다.

둘째, 연관성이 낮은 새로운 분야로 진출할 때는 기존의 역량만으로는 성공하기 어렵습니다. 따라서 전략적 제휴, 인수·합병, 외부 전문가 채용 등 다양한 협력 방안을 사전에 검토해야 하며, 협력 대상 선정 기준, 협업 진행 계획 등을 명확하게 포함하고 있는지 확인해야 합니다.

셋째, 사업 추진 조직의 역량 및 리더십은 사업의 성공 여부를 결정짓는 주요 요인입니다. 따라서 신사업 책임자 및 팀 구성원의 경력, 전문성, 열정뿐만 아니라 구체적인 실행 계획 및 '핵심 성과 지표(KPI)'가 명확히 제시돼 있는지 확인이 필요합니다.

마지막으로, 사전에 재무적 위험 관리 계획이 체계적으로 수립돼 있어야 합니다. 초기 투자 비용, 손익분기점, 그리고 사업 실패 시 예상되는 최대 손실 규모를 정량적으로 명시해야 하며, 스타트업은 단계별 투자 유치 계획을, 기존 기업은 재무 건전성을 유지할 방안(예: 정부 지원 사업 참여 혹은 국책 프로젝트 수주 등)을 명확히 제시해야 합니다.

사업 추진 승인을 준비하는 팀은 시장 분석 데이터, 사업성 검증 결과, 그리고 잠재적 위험 요소 관리 계획을 주요 기준으로 삼아 명확한 근거 자료를 제시해야 합니다. 또한 최종 의사 결정권자의 주된 관심사를 미리 파악하고 이를 고려한 맞춤형 자료를 구성하는 것이 사업화 승인에 도움을 줄 수 있습니다.

5

신사업 성과 관리 및 투자 전략

신규 사업을 성공적으로 육성하는 데는 사업 밸류 체인 단계별 명확한 목표를 설정하는 것이 중요하며, 목표 달성의 중간 과정을 측정할 과정 지표 및 최종 결과 지표로 구성된 성과 측정 지표 체계 구축이 요구됩니다. 또한, 해당 지표 데이터를 통합적으로 측정 및 분석할 수 있는 체계적인 프로세스 및 시스템 활용이 필수적입니다.

더불어, 신규 사업을 구상 중인 스타트업의 투자 전략과 관련해 국내 투자 업계의 단계별 평균 투자 규모를 참고하여, 창출하고자 하는 고객 가치를 실현하는 각 단계에 적합한 투자 전략을 모색할 필요가 있습니다.

5.1

성과 측정 지표

신사업을 시장에 성공적으로 출시한 후, 성과를 정확히 측정하고 분석하는 일은 필수입니다. 신사업의 성과를 측정하는 대표적인 '정량 지표'로는 '매출액', '영업이익', '시장 점유율', 'MAU(월간 활성 이용자 수, Monthly Active User)', '구매 고객 수' 등이 있습니다.

이들 '정량 지표'는 수많은 세부 사업 활동의 결과가 모여 이루어진 것이므로, 마케팅, 고객 경험, 사업 운영, 경쟁력 분석 및 시장 동향의 과정 지표들을 이해하고 실시간으로 측정해 부족한 부분을 보완함으로써 사업 성과를 극대화하는 것이 중요합니다.

'정량 지표'는 매출 증가율, 영업이익, 시장 점유율, 고객 유지율 등 명확한 숫자로 사업 성과를 보여준다면, '정성 지표'는 그 숫자 뒤에 숨은 고객 경험, 브랜드 가치, 조직의 혁신 역량 등 '질적인' 요소를 평가하는 데 중점을 둡니다.

예를 들어, '고객 만족도 조사'나 'NPS(Net Promoter Score)' 등 설문 기반 평가로 제품이나 서비스에 대한 고객의 만족 정도와 피드백을 파악할 수 있습니다.

또한, 소비자 대상으로 브랜드에 대한 '인지도', '호감도', '신뢰도', '선호도' 등을 조사해 시장에서 해당 브랜드가 어떻게 인식되고 있는지를 평가하며, 언론 보도나 소셜 미디어상의 평판을 분석해 브랜드 가치 향상을 확인할 수 있습니다.

이 외에도 신사업 제품이나 서비스의 사용 편의성, 디자인, 기능성, 응답 속도 및 직관적인 인터페이스 등 '사용자 경험(UX)'을 종합적으로 평가해 서비스 품질을 개선할 수 있으며, 고객 지원의 질과 문제 해결 능력을 판단해 '서비스 만족도'를 높일 수 있습니다.

더불어, 내부 직원 만족도 조사와 조직 문화 평가로 조직의 혁신 역량, 팀워크, 리더십 및 유연성을 측정하고, 신기술 도입률, 내부 아이디어 제안 건수, 사내 협업 프로젝트 증가율 등 정량적 지표를 활용해 혁신 역량을 평가할 수 있으며, 업계 전문가 및 주요 파트너의 피드백을 바탕으로 시장 반응과 파트너십의 수준을 평가함으로써 전반적인 사업 성공 가능성을 분석할 수 있습니다.

신사업의 실무적인 관점에서는 각 사업 밸류 체인별 최종 사업 성과, 즉 매출 성장, 시장 점유율 확대, 고객 충성도 증가 등 명확한 목표를 달성하는 데 기여하는 다양한 '과정 지표'를 점검하는 것이 중요합니다.

'마케팅과 영업' 관점에서는 고객 유입률과 전환율을, '제품 이용과 서비스 운영'에서는 사용 빈도와 유지율을, '고객 경험'에서는 NPS와 고객 만족도를, '신사업 운영 효율화'에서는 운영 비용과 내부 프로세스 개선도를, '시장과 경쟁 상황 점검'에서는 경쟁사 대비 성장률과 시장 반응을 측정하는 다양한 과정 지표들을 활용할 수 있습니다.

부문별 상세한 지표에 대한 설명은 '부록 8'을 참조하시기를 바랍니다.

5.2 데이터 기반의 성과 관리

앞서, 신사업 성과를 측정하는 주요한 결과 지표들을 살펴보았습니다. 또한, 이러한 결과 지표를 사전에 점검할 수 있는 다양한 관점의 과정 지표가 무엇인지 확인해 보았습니다.

성공적으로 신사업을 추진하려면 이러한 주요 지표를 체계적이고 상세하게 관리해 리스크를 최소화하는 것이 중요합니다. 이러한 성과 관리 추진 과정도 알아보도록 하겠습니다.

1. 성과 모니터링 체계 구축

성과 모니터링 체계는 먼저 결과 지표인 매출액, 영업이익률, 시장 점유율, MAU, 구매 고객 수를 포함해 이를 뒷받침하는 다양한 과정 지표(리드 수, 전환, 고객 만족도 등)를 한눈에 확인할 수 있는 통합 대시보드를 마련하는 것이 중요합니다.

이 대시보드는 지표별 허용 범위를 설정해 특정 임곗값을 벗어나면 자동 알람이 발생하도록 설계합니다. 또한, 지표 간 상관관계를 주기적으로 분석해 어떤 과정 지표가 결과 지표에 직접적으로 영향을 미치는지 파악합니다.

다양한 잠재 위험 시나리오를 사전에 도출해 둡니다. 예를 들어 "고객 획득 비용이 목표치 이상으로 상승해 영업이익률이 급락한다"와 같은 상황이 발생하면 어느 단계에서 어떤 조치를 해야 하는지 미리 계획해 두어야 합니다. 이렇게 시나리오별 대응 전략을 마련해 두면, 실제 리스크 징후가 포착될 때 즉각적인 조치와 자원 재배분이 가능해져 문제를 조기에 해결할 수 있습니다.

처음 성과 모니터링 체계를 구축할 경우에는 '엑셀' 같은 '스프레드시트' 프로그램을 추천하며, 좀 더 시각적인 표현이 필요할 경우에는 'Power BI' 같은 시각화 프로그램을 활용할 수 있습니다.

2. 주기적 리뷰와 실행 피드백

지표 모니터링은 단발성이 아닌 주기적이고 체계적인 리뷰를 해야 더욱 효과를 발휘합니다. 주간/월간/분기별로 '과정 지표'와 '결과 지표'를 함께 살펴보며 목표 대비 실적을 비교하고, 특정 지표에서 설정된 임곗값을 초과하거나 미달하는 문제가 발견되면 즉시 근본 원인을 분석해 필요한 액션 플랜을 수립합니다.

이를 위해 리스크 보고 체계(Risk Escalation)를 명확히 설정해, 지표 악화가 심각하거나 여러 지표가 동시다발적으로 나빠지는 경우에는 팀 단위를 넘어 임원 및 경영진 레벨까지 빠르게 정보를 공유하고 긴급 대응할 수 있게 해야 합니다.

예를 들어, 특정 임곗값을 초과하면 '엑셀 VBA'를 활용해 담당자가 즉시 경보 이메일을 받도록 설정할 수 있습니다. 또한, 문제의 심각도에 따라 대응 단계를 분류하고, 일정 수준 이상에서는 임원진이 개입하도록 프로세스를 명확히 구체화하는 것이 좋습니다.

이때 액션 플랜 실행 후에는 즉시 개선 효과를 모니터링하고, 변화 추이에 따라 후속 조정안을 마련함으로써 리스크가 장기화하지 않도록 관리합니다.

3. 우선순위 및 자원 배분 최적화

효율적으로 성과 관리를 하려면 모든 과정 지표를 획일적으로 관리하기보다, 사업 성과에 가장 직접적인 영향을 미치는 핵심 지표에 집중해야 합니다. 예컨대, 리드 전환율, 일일 활성 이용자 수(DAU), 고객 만족도, 평균 주문 금액 등은 매출 증대 및 사용자 유지와 밀접한 관련이 있으므로, 조직의 인적 자원, 예산, 시간 등 가용한 자원을 최우선적으로 배정하고, 해당 지표를 보다 빈번하게 모니터링하는 것이 중요합니다.

과도하게 많은 지표를 동시에 관리하는 것은 관리 효율성을 저하하고 중요한 지표를 간과할 위험을 증대시키므로, 실질적인 업무 또는 사업 성과와 직접적인 관련성이 낮거나 중복되는 지표는 통합, 정리해 관리 대상에서 제외하거나 우선순위를 낮추는 방식으로 관리 범위를 신중하게 조정해야 합니다.

4. 지속적인 지표 개선 문화 정착

지표를 관리하는 과정은 단발적인 측정과 대책에서 그치지 않고, 조직 전체가 지표 개선과 실험 문화에 익숙해지도록 만드는 것이 핵심입니다.

예를 들어, 사내에서 작은 프로젝트별 실험을 장려해 직원들이 다양하게 시도해 볼 수 있도록 지원하는 경우도 많습니다. 이를 위해 신규 기능이나 마케팅 전략을 도입할 때는 'A/B 테스트'와 같은 방법론을 적극 활용해, 고객 피드백을 해서 개선 효과가 유의미한 안을 선정하는 성공 체험을 공유하고 점진적으로 확대 적용할 필요가 있습니다.

나아가 사내에서 지표와 데이터를 기반으로 의사 결정하는 문화를 장려하려면, 대시보드에 실시간으로 접속할 수 있는 환경을 조성하고, 임직원을 대상으로 지표 분석 교육이나 워크숍을 정기적으로 시행하는 것도 좋습니다.

아울러 시장 환경이나 경쟁 상황이 급변할 수 있으므로, 각 지표의 가중치와 중요도를 유연하게 조정하고 분기/반기마다 정리 리뷰해서 지표 세트 자체를 재설정함으로써 변화에 기민하게 대응할 수 있도록 운영해야 합니다.

이와 같은 체계적인 지표 관리와 위험 관리는 신사업의 결과 지표 및 과정 지표를 연결하고, 조기에 문제를 발견해 신속하게 대처함으로써 중장기적 성장을 견인합니다.

특히 핵심 지표에 우선순위를 두어 자원을 효율적으로 배분하면 업무 효율과 사업 임팩트를 모두 극대화할 수 있으며, 이를 반복적으로 개선하는 문화를 조직 내에 정착시킴으로써 궁극적으로 투명하고 객관적인 의사 결정 환경을 조성하게 됩니다.

결국 데이터 기반의 성과 관리 체계가 확립되면, 안정적인 신사업 운영이 가능해지므로 지속적인 사업 확장과 수익 창출을 기대할 수 있습니다.

앞서 언급한 데이터 기반의 성과 관리 외에도 신사업 출시 후 리스크 관리에 관련해서는 아래와 같은 관점도 존재합니다.

시장 관점에서는 시장 수요의 예측 불가능한 변화로 판매 실적이 영향을 받을 수 있는 '수요 변동성', 신규 경쟁자의 등장이나 기존 경쟁사의 전략 변화로 시장 점유율이 감소할 위험이 있는지를 점검하는 '경쟁 심화', 소비자 선호도의 급격한 변화로 제품이나 서비스의 매력이 감소할 수 있는 '소비자 트렌드 변화' 항목을 주기적으로 점검해야 합니다.

사업 운영 관점에서는 원자재 공급이 지연되거나 중단돼 생산 일정에 차질이 발생할 수 있는 '공급망 불안정', 제품 또는 서비스의 품질 저하로 고객 불만이 증가하고 브랜드 이미지가 손상될 위험이 있는 '시장 품질 관리', 핵심 인력의 이탈이나 숙련된 인력의 부족으로 운영 효율성이 저하될 수 있는지 점검하는 'HR' 항목 등이 있습니다.

재무 관점에서는 추가적인 자금 조달이 어려워져 신사업의 확장이나 운영에 지장이 생길 수 있는 '자금 조달', 예상보다 낮은 매출이나 높은 비용으로 수익성이 저하될 위험이 있는 '수익성 악화' 또는 '환율 변동'으로 재무 성과에 부정적인 영향이 있을 수 있는지 점검이 필요합니다.

법률 및 규제 관점에서는 정부 정책이나 법률의 변경으로 사업 운영에 제약이 생길 수 있는 '규제 변화', 특허나 상표권 등의 침해로 법적 분쟁이 발생할 위험이 있는 '지식재산권 침해', 환경 관련 법규의 강화로 추가적인 비용 부담이 발생할 수 있는 '환경 규제' 리스크의 점검이 필요합니다.

CHECK LIST

1. 신사업의 성과를 관리하려면 매출, 이익 등의 결과 지표와 리드, 전환율 등의 과정 지표를 통합 관리하는 대시보드를 구축하고 이상 발생 시 즉각 대응할 체계를 마련해야 합니다.
2. 주간 단위 지표를 검토해 목표 대비 실적을 비교 분석하고, 문제 발생 시 원인을 파악해 액션 플랜을 수립하며, 심각한 문제는 경영진까지 보고하는 체계를 갖춰야 합니다.
3. 모든 지표를 동일하게 관리하기보다 핵심 지표를 우선순위로 두고 자원을 배분하며, 불필요하거나 중복되는 지표는 정리해 관리 효율성을 높여야 합니다.
4. 단발적인 지표 측정에 그치지 않고, 조직 전체가 데이터 기반으로 의사 결정하고 실험하는 문화를 조성하며, 시장 변화에 따라 지표를 유연하게 조정해야 합니다.
5. 체계적인 지표 관리와 더불어 시장 변동성, 경쟁 심화, 공급망 불안정 등 다양한 시장, 운영, 재무, 법률적 리스크를 지속적으로 점검하고 관리해야 합니다.

5.3

단계별 투자 전략

　신사업 추진은 시장의 불확실성, 초기 투자 비용 부담, 기술 개발 위험, 경쟁사의 대응 등 다양한 리스크가 수반되기 때문에 체계적인, 육성 단계별 투자 전략이 필요합니다.

　상대적으로 적은 투자로 개발이 가능한 클라우드 환경이 아닌, 하드웨어 기반의 제품으로 신사업을 추진한다면 최소 주문량이나 시설 투자 등 초기 자본 투자가 필수적이라서 큰 고민과 부담이 따르게 됩니다.

　이처럼 신사업 투자가 고민될 때는 신사업의 육성 단계별로 벤처 캐피털이 벤처기업에 투자하는 Seed부터 시리즈 A/B/C/D 및 Pre-IPO 단계의 투자 사례를 참조하는 것도 방법입니다.

　'시리즈 A'라는 용어는 벤처 캐피털이 창업자의 경영권을 방어하려고 의결권이 없는 우선주를 인수한 데서 유래됐으며, Seed 단계에서는 아이디어나 초기 프로토타입 개발에 쓰일 소규모 자금이 투자되며, 시리즈 A에서는 제품과 시장 적합성을 검증하는 데 쓰일 자금이 투입됩니다. 이후 시리즈 B는 사업 확장과 마케팅 강화하려는 단계이며, 시리즈 C/D는 글로벌 시장 진출 및 대규모 운영 자금 확보를 목표로 합니다. 마지막으로 Pre-IPO 단계는 상장을 준비하며 기업 가치를 극대화하는 과정입니다.

　『2023년 혁신의숲 결산 리포트[44]』에 따르면, 2021년부터 2023년까지 우리나라 벤처 투자 규모의 단계별 평균 투자 금액은 다음과 같습니다.

- 시드(Seed): 아이디어를 구체화하고 프로토타입을 개발해 시장 조사 및 초기 사용자 피드백을 수집하며 시장 가능성을 점검하는 '신사업 구체화' 단계로, 건당 평균 투자액은 6억 원이었습니다.

- 시리즈 A: '신사업 사업화' 단계에 해당하며, 최근에는 시장 출시 후 초기 매출과 영업 이익이 발생하는 시점까지를 포괄합니다. 건당 평균 투자액은 62억 원이었습니다.

- 시리즈 B: 시장에 진입한 신사업 제품 또는 서비스가 일정한 성과를 보이며 사업 확장과 시장 점유율 확대를 도모하는 단계로, 건당 평균 투자액은 160억 원이었습니다.

- 시리즈 C: 사업이 안정화돼 글로벌 진출이나 신사업 확장을 모색하는 단계로, 건당 평균 투자액은 271억 원이었습니다.

- 시리즈 D: 추가 성장하고자 더 많은 자금을 유치하는 단계로, 대규모 마케팅, 신규 시장 개척, 인수·합병(M&A) 등 기업의 전략적 목표에 따라 진행됩니다. 건당 평균 투자액은 648억 원이었습니다.

- 프리 IPO: 기업공개(IPO)를 준비하는 단계로, 상장을 앞둔 마지막 투자 라운드입니다. 건당 평균 투자액은 243억 원이었습니다.

신사업이 단계별로 적정하게 투자받으려면 신생 기업이 평균적으로 투자받는 비용과 현재 기업의 상황을 고려해 다음처럼 단계별로 투자 전략을 추진해야 합니다. 각 단계에서 리스크를 철저히 철저히 관리하고, 투자 대비 수익성을 지속적으로 분석해 전략을 유연하게 조정할 필요도 있습니다.

1. 초기 시장 안착 및 제품 강화 단계(Seed to Early Growth Stage)

이 단계에서는 시장의 초기 반응을 면밀히 분석해 제품과 서비스의 완성도를 높이는 것이 핵심입니다. 고객 피드백을 기반으로 기능을 개선하고 차별화 요소를 강화하며, 이를 바탕으로 초기 고객층을 확대하는 마케팅 및 브랜딩 전략을 추진합니다.

예를 들어, 소셜 미디어 광고, 인플루언서 협업, 추천 프로그램, 조기 사용자 대상 할인 프로모션 등을 활용해 브랜드 인지도를 높이고 고객 유입을 극대화합니다. 또한, 핵심 인재를 확보하고 조직을 정비해 내부 운영의 효율성을 높이고, 데이터를 분석해 신제품과 시장의 적합성을 지속적으로 검토하는 것이 중요합니다.

자금 조달은 스타트업 기업이라면 엔젤 투자, 정부 지원금, 벤처 캐피털(VC) 투자를 통해 이루어지며, 이를 기반으로 시장에서 안정적인 입지를 다지는 데 집중해야 합니다.

2. 성장 가속화 및 시장 점유율 확대 단계(Growth Stage)

시장에서 입지를 어느 정도 다진 후에는 주요 고객층을 확장하고 경쟁 우위를 확보하는 공격적인 마케팅 전략을 실행해야 합니다. 동시에 기술 및 운영 인프라를 확장해 증가하는 수요에 대비하고, 전략적 제휴 및 파트너십을 활용해 비즈니스 생태계를 강화하는 것이 필수적입니다.

예를 들어, IT 기업과 협업해 새로운 기술을 도입하거나, 유통업체와 제휴해 제품 공급망을 최적화하는 전략이 효과적일 수 있습니다. 또한, 해외 시장 진출 가능성을 타진하며 사업 다각화를 고려하고, 운영 효율성을 극대화해 수익성을 개선하는 구조를 구축해야 합니다.

자금 조달은 시리즈 A와 B를 통한 투자 유치, 전략적 투자자 확보, 금융기관 대출 등을 활용해 사업의 확장성을 극대화하는 방향으로 추진하는 것이 바람직합니다.

3. 사업 최적화 및 수익 극대화 단계(Maturity Stage)

이 단계에서는 시장 점유율 확대보다 수익성과 지속 가능성을 고려하는 전략이 우선시됩니다. 운영 자동화 및 비용 절감 프로세스를 구축하고, 기존 고객의 충성도를 높이는 리텐션 전략을 실행해 안정적인 매출 구조를 확보해야 합니다. 이를 위해 로열티 프로그램, 맞춤형 프로모션, 정기 구독 모델, 개인화된 고객 경험 제공 등의 전략을 활용해 고객 이탈을 방지하고 장기적인 관계를 유지하는 것이 중요합니다.

또한, M&A(인수·합병) 또는 신시장 진입을 통해 추가적인 성장 기회를 모색하고, IPO(기업공개) 가능성을 분석해 상장 전략을 준비하는 것이 중요합니다. 자금 조달은 시리즈 C 이후 투자, 사모펀드(PE) 투자 유치, IPO 준비 등을 통해 기업 가치를 극대화하는 방향으로 진행해야 합니다.

4. 글로벌 확장 및 지속 성장 단계(Expansion & Sustainability Stage)

글로벌 시장으로의 본격적인 확장을 추진하는 단계에서는 현지화 전략을 기반으로 해외 시장에 성공적으로 진입하는 것이 중요합니다.

지속적으로 연구개발(R&D)에 투자해 혁신적인 신제품과 서비스를 개발함으로써 기업 가치의 배수를 극대화하려는 노력이 필요합니다. 예를 들어 인공지능 기반 추천 시스템, 친환경 소재를 활용한 제품, IoT(사물인터넷) 기술을 접목한 스마트 디바이스, 혹은 수익률이 높고 안정적인 매출이 가능한 구독형 서비스 모델 등이 포함될 수 있습니다.

환경(Environment), 사회(Social), 지배구조(Governance)를 의미하는 'ESG' 경영을 도입해 지속 가능한 기업 발전을 추구하는 활동을 보강할 필요가 있으며, 인수·합병(M&A) 및 전략적 투자 유치로 글로벌 시장에서의 리더십을 강화하는 방향으로 사업을 운영해야 합니다.

이 단계의 자금 조달은 글로벌 투자자, 대형 사모펀드(PE) 및 기관투자자의 자본을 활용해 장기적인 성장 기반을 구축하는 것이 핵심 전략입니다.

6

신사업 실패 사례 분석

다음 신사업 실패 사례 분석은 신사업을 준비 중이나 현재 신사업을 추진하고 계신 분들 모두에게 근본적인 실패 원인을 리뷰해 보고 시행착오를 줄일 수 있게 도움을 드리고자 준비했습니다. 시장에서 많이 볼 수 있는 다섯 가지의 실패 원인별로 국내외의 유명 사례를 소개합니다.

6.1
시장 수요 부족과 일시적인 유행

새로운 기술이나 제품이 등장할 때 초기에는 많은 관심을 받을 수 있지만, 실제 소비자들의 지속적인 수요가 뒷받침되지 않으면 실패로 이어질 가능성이 큽니다. 특히, 가격 대비 고객 가치가 충분하지 않거나, 일시적인 유행에 의존한 경우 그 수명은 더욱 짧아질 수 있습니다.

이러한 시장 수요 부족과 일시적인 유행으로 실패한 대표 사례들을 살펴보고, 이를 통해 신사업 전략 수립 시 고려해야 할 시사점을 확인해 보겠습니다.

「애플」의 혼합현실(MR) 헤드셋 '비전 프로'는 2024년 초 출시 이후 초기에는 상당한 관심을 받았으나, 시간이 지남에 따라 판매량이 급격히 감소했습니다. 시장 조사 업체 IDC에 따르면, 2024년 3분기 미국 내 '비전 프로' 판매량은 출시 당시의 4분의 1 수준인 약 2만~3만 대에 그칠 것으로 전망됐습니다.[45]

판매 부진의 주요 원인으로는 높은 가격, 제한된 애플리케이션 수, 그리고 사용자 경험의 미흡함이 지적됩니다. 비전 프로의 기본 모델 가격은 3,500달러로, 일반 소비자가 접근하기에는 부담스러운 수준입니다. 또한, 초기 출시 시점에서 활용할 수 있는 콘텐츠와 애플리케이션이 부족해 소비자들의 구매 동기를 자극하지 못했습니다.

이러한 사례는 신기술 기반의 신제품을 출시할 때는 시장 수요와 소비자 니즈에 대한 철저한 분석이 있어야 함을 보여줍니다. 특히, 고가의 제품일수록 가격 대비 가치에 대한 소비자의 기대가 높아지므로, 이에 부응하는 콘텐츠와 사용자 경험을 제공하는 것이 중요합니다.

또한, XR(확장현실) 시장 전체의 성장세가 예상보다 더디게 진행되고 있다는 점도 고려해야 합니다. 시장 조사 업체 「카운터포인트리서치」에 따르면, 2023년 글로벌 XR 헤드셋 출하량은 전년 대비 19% 감소했으며, 이는 킬러 콘텐츠 부족과 가격, 무게, 편의성 등 대중화에 한계가 있었기 때문으로 분석됩니다.[46]

결론적으로, '비전 프로'의 사례는 기술 혁신만으로는 시장에서 성공을 담보할 수 없으며, 소비자들의 실제 요구와 기대를 충족시키는 제품 개발과 마케팅 전략이 필요함을 시사합니다. 또한, XR 시장의 전반적인 성장 둔화는 관련 기업들이 더 현실적인 시장 분석과 전략 수립으로 소비자들에게 실질적인 가치를 제공해야 함을 강조하고 있습니다.

또 다른 사례로는 국내에서 갑자기 많아진 '탕후루' 체인점을 들 수 있습니다.

'탕후루'는 과일에 설탕 시럽을 입혀 굳힌 중국 전통 간식으로, 2022년부터 한국에서 젊은 층을 중심으로 큰 인기를 끌었습니다. 이에 따라 전국적으로 '탕후루' 전문점이 급증했으나, 2023년 이후 그 인기가 급격히 식으면서 많은 매장이 폐업하는 상황에 이르렀습니다.[47]

'탕후루' 체인점의 실패 요인은 일시적인 유행에 편승해 과도한 시장 진입이 이루어진 데 있습니다. 소셜 미디어를 타고 급속히 확산된 탕후루의 인기에 많은 자영업자들이 경쟁적으로 매장을 열었으나, 이는 시장의 실제 수요를 초과하는 공급 과잉으로 이어졌습니다. 또한, 당 함량이 높아 건강에 대한 우려가 있었고 소비자의 관심이 줄어들었습니다. 그 때문에 매출이 급감했으며, 폐업하는 매장이 속출했습니다.

이러한 사례는 신사업 추진 시 철저한 시장 조사와 수요 예측의 중요성을 강조합니다. 일시적인 유행에 의존하기보다 장기적으로 지속 가능한 비즈니스 모델을 구축하고, 소비자들의 건강과 품질에 대한 요구를 충족시키는 제품과 서비스를 제공해야 합니다. 또한, 과도한 경쟁을 피하려면 시장에 진입할 때 신중히 판단해야 하며, 변화하는 소비자 트렌드에 민첩하게 대응할 수 있는 전략적 유연성도 갖춰야 합니다.

마지막 사례로 최근까지 유행한 '가상 인간 인플루언서'가 있습니다.

'가상 인간 인플루언서'는 2016년 미국의 '릴 미켈라(Lil Miquela)'가 등장하며 주목받았으나, 시장 수요 부족과 일시적인 유행으로 실패를 겪었습니다. 초기에는 신선함과 기술적 혁신으로 주목받았지만, 시간이 지나면서 콘텐츠의 참신성이 감소하고 소비자의 관심도 줄어들었습니다. 특히, 가상 캐릭터는 인간 모델보다 감정적 연결이 부족해 브랜드 충성도를 확보하는 데 어려움을 겪었고, 이는 수익 창출에도 부정적인 영향을 미쳤습니다.

또한, '가상 인간 인플루언서' 제작에는 막대한 비용과 기술적 제약이 따랐습니다. 최신 CGI 기술과 AI 기반 콘텐츠 제작에는 높은 비용이 소요됐고, 일부 사례에서는 높은 제작비에도 불구하고 수익을 창출하지 못했습니다. 예를 들어, 「롯데홈쇼핑」의 가상 쇼호스트 '루시'는 약 5억 원의 제작비가 투입됐으나, 장기적인 성공을 거두지 못했습니다. 또한, 가상 캐릭터가 인간과 너무 닮아 불쾌감을 줄 수 있는 '불쾌한 골짜기(Uncanny Valley)' 현상도 기술적 한계로 지적됐습니다.[48]

결국 '가상 인간 인플루언서'는 일시적인 유행이었으며 관심이 급격히 감소했습니다. 소비자가 새로운 디지털 콘텐츠와 플랫폼으로 빠르게 관심을 옮기며, 일부 '가상 인간 인플루언서'는 활동을 중단하거나 시장에서 퇴출당했습니다.

6.2
시장 및 고객 요구에 대한 이해 부족

　신사업을 추진할 때, 기업들은 종종 시장의 특성과 고객의 요구를 충분히 이해하지 못한 채 내부적인 전략과 제품 개발에 집중하는 실수를 저지릅니다. 이는 소비자와의 연결을 약화하고, 결국 시장에서 실패하는 주요 원인이 됩니다. 고객의 기대를 정확히 파악하지 못하면, 제품이나 서비스가 시장에서 외면받을 가능성이 높아지고, 신사업 성과에 치명적인 영향을 미칠 수 있습니다. 다음은 시장 및 고객 요구를 간과한 대표적인 신사업 실패 사례를 살펴보겠습니다.

　1985년, 「코카콜라」는 기존 맛을 변경한 '뉴 코크(New Coke)'를 출시했습니다. 이는 「펩시」의 '펩시 챌린지' 캠페인 탓에 시장 점유율이 하락하자 소비자 선호를 조사해 더 단맛을 선호하는 경향을 파악하고, 이를 반영한 결정이었습니다.

　그러나 이러한 변화는 소비자들의 강한 반발을 불러일으켰습니다. 소비자들은 「코카콜라」의 전통적인 맛과 브랜드에 애착이 강해서 새로운 맛에 대한 거부감이 컸습니다. 결국, 코카콜라는 79일 만에 기존 맛을 '코카콜라 클래식'이라는 이름으로 재출시하고, '뉴 코크'는 시장에서 철수하게 됐습니다.[49]

　이 사례는 소비자가 단순히 제품의 맛뿐 아니라 브랜드의 전통과 감성적 가치를 중요하게 여긴다는 것을 보여줍니다. 「코카콜라」는 소비자의 이러한 감정적 측면을 간과하고, 맛에만 집중한 제품을 개발한 탓에 실패를 경험했습니다. 이는 신제품 개발 시 시장 조사와 소비자 요구 분석에서 정량적 데이터뿐만 아니라 정성적 요소도 함께 고려해야 함을 시사합니다.

다른 사례로는 「롯데」 그룹의 통합 온라인 플랫폼인 '롯데온'이 있습니다. 「롯데」 그룹은 2020년 4월, 통합 온라인 쇼핑 플랫폼인 '롯데온(LOTTE ON)'을 출시해 이커머스 시장에 본격적으로 진출했습니다. 그러나 출시 초기부터 사용자 경험(UX)과 인터페이스(UI)의 불안정, 검색 기능 오류, 주문 처리 지연 등 기술적 문제가 발생해 소비자의 불만을 불러일으켰습니다. 이러한 문제는 '롯데온'의 초기 신뢰도에 부정적인 영향을 미쳤습니다.

또한, '롯데온'은 「롯데백화점」, 「롯데마트」, 「롭스」 등 다양한 계열사의 온라인 채널을 통합하려고 시도했으나, 각 계열사의 이해관계가 걸려 있고 운영 방식에 차이가 있어 시너지 효과를 내는 데 어려움을 겪었습니다. 그래서 통합 플랫폼으로서의 강점을 살리지 못하고, 오히려 복잡성과 비효율성을 노출했습니다. 더불어 '롯데온'은 경쟁사와 차별화된 서비스나 독자적인 콘텐츠를 제공하지 못했습니다. 이는 소비자가 '롯데온'을 선택할 명확한 이유를 찾지 못하게 만들었으며, 결과적으로 시장 점유율 확대에 실패하게 됐습니다.

이러한 요인 탓에 '롯데온'은 출시 이후 지속적인 적자를 기록했습니다. 2021년 「롯데쇼핑」 이커머스 사업부의 영업손실은 1,560억 원에 달했으며, 이는 전년과 비슷한 수준으로 실적 개선이 이루어지지 않았음을 보여줍니다.[50]

결론적으로, '롯데온'의 초기 시장 진입 실패는 시장과 고객의 요구를 충분히 이해하지 못한 채 내부적인 통합과 기술적 구현에만 집중한 결과로 볼 수 있습니다. 이는 신사업 추진 시 소비자 중심의 접근과 철저한 시장 분석이 얼마나 중요한지 보여주는 사례입니다.

마지막으로, 현지화의 어려움을 보여주는 「세포라(Sephora)」 사례가 있습니다. 글로벌 뷰티 편집숍 「세포라」는 2019년 10월 서울 강남 파르나스몰에 첫 매장을 열며 한국 시장에 진출했습니다.

그러나 2024년 5월, 약 4년 반 만에 한국 시장 철수를 결정했습니다. 「세포라」의 철수는 한국 시장과 소비자 요구를 제대로 이해하지 못한 점에서 비롯된 것으로 분석됩니다.

첫째, 진출 시기가 늦어 이미 국내 뷰티 편집숍인「올리브영」이 시장을 장악한 상황이라 경쟁이 어려웠습니다. 둘째, 현지화 전략의 부재로 한국 소비자의 니즈와 트렌드를 충분히 반영하지 못했습니다. 셋째, 코로나19 팬데믹 탓에 매장 확장과 마케팅의 어려움이 있어 초기 계획대로 사업을 펼치지 못했습니다.

이러한 요인들로「세포라」는 2023년 기준 137억 원의 매출에 176억 원의 영업 적자를 기록했고, 이 수년간 누적된 적자가 철수 결정의 주된 배경이 됐습니다.[51]

이 사례는 글로벌 기업이 현지 시장에 진출할 때, 시장 환경과 소비자 요구를 철저히 이해하고 현지화 전략을 잘 세워야 함을 보여줍니다. 특히, 이미 경쟁이 치열한 시장에서는 차별화된 전략과 현지 소비자의 특성을 반영한 마케팅이 필수임을 시사합니다.

6.3 기술 한계 및 경쟁력 부족

신사업의 성공 여부는 기술력과 경쟁력 확보에 크게 좌우됩니다. 새로운 시장에 진입할 때 기존 기업과의 기술 격차를 줄이고, 지속적인 혁신을 통해 경쟁력을 유지해야 합니다.

그러나 일부 기업들은 기술적 한계를 극복하지 못하거나, 시장 변화에 신속하게 대응하지 못해 실패하기도 합니다. 다음에서는 기술적 한계와 경쟁력 부족 때문에 실패한 신사업 사례들을 살펴보고, 이를 통해 신사업 추진 시 유의해야 할 점을 분석하고자 합니다.

「고프로(GoPro)」는 액션 카메라 시장에서의 성공을 기반으로 2016년 하반기 첫 드론 제품인 '카르마(Karma)'를 출시하며 드론 시장에 진입했습니다. '카르마'는 접이식 디자인과 「고프로」 카메라와의 호환성을 강조하며 소비자들의 관심을 받았습니다. 그러나 출시 초기부터 배터리 결함으로 추락 사고가 발생해 대규모 리콜을 실시하는 등 어려움을 겪었습니다. 이후에도 기술적 문제와 시장 경쟁 심화로 2018년 초 드론 사업 철수를 공식 발표했습니다.[52]

「고프로」의 드론 사업 실패는 기술적 한계와 이에 따른 제품 경쟁력 부족에서 원인을 찾을 수 있습니다. '카르마' 출시 초기에 발생한 추락 사고들은 제품의 설계 구조에 결함이 있었음을 시사합니다. 또한, 드론의 핵심 기능인 호버링(정지 비행)이 제대로 이루어지지 않아 사용자가 조작하기 어려웠습니다. 이러한 문제들은 소비자 신뢰도 하락으로 이어졌습니다. 더불어, 드론 시장의 빠른 발전 속도와 각국의 규제 강화, 연구개발 비용 증가 등도 사업 철수의 배경이 됐습니다.

「고프로」의 드론 사업 실패 사례는 철저한 기술 검증과 시장 분석의 중요성을 보여줍니다. 기술적 완성도가 부족한 상태에서 제품을 출시해 핵심 기능이 부족하다는 인식이 퍼지면 소비자 신뢰도가 하락하고 브랜드 이미지 손상으로 직결될 수 있습니다. 또한, 기존 시장의 경쟁 구도와 주요 경쟁사의 기술 수준을 면밀히 분석하지 않으면 시장 진입에 어려움을 겪을 수 있습니다. 따라서 제품의 경쟁력을 강화하고, 잠재적 리스크를 사전에 파악해 대응 전략을 마련해야 합니다.

다른 사례로는 「삼성」 그룹의 '태양광' 신사업 철수가 있습니다. 「삼성」 그룹은 2010년대 초반 미래 성장 동력을 확보하고자 태양광 사업을 신수종 사업 중 하나로 선정하고, 소재부터 발전소까지 수직 계열화를 목표로 적극적인 투자를 단행했습니다.

「삼성SDI」는 박막 태양전지 기술 개발에 집중했으며, 「삼성정밀화학」은 폴리실리콘 생산을 담당했습니다. 그러나 2014년 「삼성SDI」가 태양전지 사업에서 철수하고, 이듬해 「삼성정밀화학」이 「롯데」 그룹에 매각되면서 「삼성」의 '태양광' 사업은 사실상 중단됐습니다.

「삼성」 그룹의 '태양광' 사업 실패 역시 기술력 확보와 시장 분석의 중요성을 보여줍니다. 기술 개발 초기 단계에서 양산화 가능성에 대한 평가가 부족하면, 시장에서의 경쟁력 확보에 어려움을 겪을 수 있습니다. 또한, 글로벌 시장의 공급 과잉 및 가격 변동성에 대한 대응 전략이 미흡하면 수익성 악화로 이어집니다. 따라서 신사업 추진 시에는 기술 개발부터 양산화, 시장 진입 전략까지의 전 과정을 면밀히 계획하고 실행해야 합니다.[53]

또 「리서치 인 모션(Research In Motion, RIM)」의 '블랙베리(BlackBerry)' 스마트폰 사례가 있습니다. 「RIM」은 1999년 '블랙베리' 브랜드로 스마트폰 시장에 진입했습니다. '블랙베리'는 물리적 쿼티(QWERTY) 키보드와 강력한 보안 기능을 갖춰 비즈니스 사용자 사이에서 큰 인기를 얻었습니다. 특히 이메일과 메시징 서비스에 최적화된 기능으로 기업 및 정부 기관에서 널리 사용됐습니다.[54]

2000년대 중반까지 '블랙베리'는 스마트폰 시장의 선두 주자로 자리매김했으며, 한때 미국 시장 점유율이 40%를 넘기도 했습니다.

'블랙베리'의 실패는 기술적 한계와 시장 변화 대응하지 못한 지체 현상 때문입니다. 「애플」의 '아이폰(2007년 출시)'과 「구글」의 '안드로이드'(2008년 출시)가 등장하면서 스마트폰 시장은 터치스크린과 다양한 애플리케이션을 중심으로 급변했습니다. 그러나 「RIM」은 물리적 키보드와 자체 운영체제를 고수하며 변화에 적절히 대응하지 못했습니다. 특히, '블랙베리'의 앱스토어는 「애플」과 「구글」에 비해 앱의 수와 다양성에서 크게 뒤처졌으며, 이는 소비자가 외면하는 이유가 되었습니다.

이 실패 사례는 기술 산업에서는 기존 성공에 안주하지 않고, 지속적인 혁신과 시장 트렌드에 민감하게 대응해야 한다는 시사점을 주고 있습니다. 영화 〈블랙베리〉에서는 블랙 코미디 요소를 접목해 「RIM」의 흥망성쇠를 다루고 있어 신사업에 관심 있으신 분들에게 추천해 드립니다.

6.4 무리한 투자

　기업이 신사업을 추진하는 과정에서 성공을 거두기도 하지만, 반대로 무리한 투자로 큰 실패를 겪는 경우도 많습니다. 특히, 과도한 인수 가격, 부채 의존적인 자금 조달, 외부 환경 변화에 대한 대비 부족 등이 주요 실패 요인으로 작용합니다. 다음에서는 이러한 무리한 투자로 신사업이 실패한 대표적인 사례를 살펴보고, 이를 통해 기업이 배울 수 있는 교훈을 생각해 보고자 합니다.

　「금호아시아나」는 2006년 11월, 국내 최대 건설사 중 하나인 「대우건설」을 약 6조 4,255억 원에 인수했습니다. 이는 당시 국내 일반 기업 인수·합병(M&A) 사상 최대 규모로, 「금호아시아나」는 이를 통해 그룹의 외형을 확장하고 건설업 분야에서 경쟁력을 강화하고자 했습니다.

　그러나 「금호아시아나」는 결국 「대우건설」을 되팔았는데 이는 과도한 인수 가격, 무리한 자금 조달, 경영 환경 변화에 대한 판단 미흡 등 복합적인 요인에서 비롯됐습니다. 첫째, 「대우건설」의 적정 가치보다 약 90% 이상의 프리미엄을 지불해 인수했으며, 이는 과도한 인수 가격으로 평가됩니다. 둘째, 인수 자금의 상당 부분을 부채로 조달했고, 특히 재무적 투자자들에게 '풋백옵션'을 제공함으로써 나중에 주가가 하락하면 막대한 자금 부담을 떠안게 되는 구조를 형성했습니다. 셋째, 글로벌 금융위기 등 외부 경제 환경의 변화를 충분히 고려하지 못한 채 낙관적인 전망에 기반해 인수를 추진했으며, 이는 경기 침체 시 그룹 전체의 재무 안정성을 위협하는 결과를 초래했습니다.

이 인수 실패 사례는 기업 인수·합병 시 신중한 가치 평가와 재무 전략 수립의 중요성을 강조합니다. 첫째, 인수 대상 기업의 적정 가치를 면밀히 평가해 과도한 프리미엄 지불을 지양해야 합니다. 둘째, 자금을 조달할 때는 부채 비중을 적절히 조절하고, 미래의 금융 부담을 최소화하는 구조를 설계해야 합니다. 셋째, 경제 환경의 변동성과 리스크를 충분히 고려해, 낙관적인 전망에만 의존하지 않는 현실적인 전략을 수립해야 합니다. 이로써 기업은 '승자의 저주'를 피하고, 지속 가능한 성장을 도모할 수 있을 것입니다.[55]

다른 사례로는 「SK하이닉스」의 「인텔」의 낸드플래시 사업 인수 사례가 있습니다. 「SK하이닉스」는 2020년 10월, 「인텔」의 낸드플래시 사업부를 약 90억 달러에 인수하기로 발표했습니다. 이 인수는 「SK하이닉스」가 D램 중심의 사업 구조에서 벗어나 낸드플래시 분야의 경쟁력을 강화하고, 메모리 반도체 시장에서 입지를 확대하려는 전략의 일환이었습니다. 인수 대상에는 「인텔」의 SSD 사업과 중국 다롄 공장 등이 포함됐으며, 2021년 12월 1단계 인수를 완료하고, 2025년까지 모든 절차를 마무리할 계획이었습니다.

그러나 인수 이후 글로벌 반도체 시장의 침체와 수요 감소로 「SK하이닉스」는 낸드플래시 사업에서 상당한 손실을 봤습니다. 특히, 2022년에는 낸드 수요가 감소해 약 3조 원대의 당기순손실을 기록했습니다. 이는 인수한 다롄 공장의 운영 부담과 맞물려 재무적 압박을 가했습니다. 또한, 미국과 중국 간 반도체 갈등이 심화돼 중국 내 공장 운영에 대한 불확실성이 증가했으며, 이는 인수한 자산을 활용하는 데 제약이 됐습니다.

「SK하이닉스」의 「인텔」 낸드 사업부 인수 사례는 대규모 투자를 결정할 때 시장 환경과 지리적 리스크를 철저히 분석하는 게 얼마나 중요한지 보여줍니다. 첫째, 인수 대상 자산의 기술력과 시장성을 면밀히 평가해, 급변하는 시장 상황에서도 경쟁력을 유지할 수 있는지 검토해야 합니다. 둘째, 글로벌 정치, 경제적 요인, 특히 미·중 갈등과 같은 지정학적 리스크를 고려해, 인수 자산의 운용에 미칠 영향을 사전에 파악하고 대응 전략을 마련해야 합니다. 셋째, 인수 이후 통합 과정에서 발생할 수 있는 운영상의 도전과 재무적 부담을 예측하고, 이를 완화할 수 있는 재무 구조와 운영 계획을 수립하는 것이 필수입니다. 이를 통해 기업은 무리한 투자로 발생할 실패를 방지하고, 지속 가능한 성장을 도모

할 수 있을 것입니다.[56]

　마지막으로 '바비' 인형으로 유명한 「마텔」의 교육용 소프트웨어 진입 실패 사례가 있습니다. 「마텔」은 1990년대 후반 새로운 성장 동력을 확보하고자 교육용 소프트웨어 시장 진출을 결정했고, 1999년 교육용 소프트웨어 회사인 「러닝 컴퍼니」를 35억 달러라는 거액을 투자해 인수했습니다.

　당시 「마텔」의 「러닝 컴퍼니」 인수는 완구 회사를 넘어 기술 기업으로 변모하려는 야심 찬 시도로 평가받았습니다. 그러나 과도한 프리미엄을 지불과 함께, 「마텔」은 「러닝 컴퍼니」의 기업 문화와 소프트웨어 산업에 대한 이해 부족을 드러내며 인수 후 통합 과정에서 어려움을 겪었습니다. 결국, 「러닝 컴퍼니」는 인수 이후 실적 부진을 면치 못했고, 「마텔」은 막대한 손실을 감수하며 러닝 컴퍼니를 재매각하는 실패를 겪게 됩니다.

　당시 「마텔」은 핵심 역량과 거리가 먼 소프트웨어 사업에 충분한 검토 없이 성급하게 거액 투자를 결정했습니다. 또한, 인수 후 통합 과정에서 문화적 차이와 사업 이해 부족을 드러내 시너지를 창출하지 못했습니다.[57]

　이는 신사업 추진 시 투자 결정을 신중하게 해야 한다는 교훈과 함께 인수 대상 기업에 대한 심층적인 분석 및 통합 전략 수립의 중요성을 강조합니다. 특히, 핵심 역량과 동떨어진 분야로의 진출은 더욱 면밀히 검토하고 단계적으로 접근해야 하며, 무리한 투자는 기업의 존립을 위협하는 심각한 결과를 불러올 수 있다는 점을 분명하게 보여줍니다.

6.5
경영진의 도덕적 해이

신사업이 성공하는 데는 혁신적인 아이디어와 강력한 실행력이 필수지만, 그 외에도 중요한 요소 중 하나 더 있으니 바로 경영진의 윤리성과 책임감입니다.

그러나 일부 기업에서는 경영진의 도덕적 해이 탓에 회사의 지속 가능성이 위협받고, 결국 실패로 귀결되는 사례가 발생하곤 합니다. 경영진이 기업의 이익보다 개인의 사리사욕을 우선시하거나, 조직의 투명성을 저해하는 의사 결정을 내릴 경우, 이는 기업의 신뢰도와 시장 내 입지를 심각하게 훼손합니다.

다음에서 경영진의 도덕적 해이 때문에 실패한 대표적인 사례를 살펴보겠습니다.

「위워크(WeWork)」는 2010년 '애덤 뉴먼(Adam Neumann)'과 '미겔 맥켈비(Miguel McKelvey)'가 설립한 공유 오피스 기업으로, 전 세계 주요 도시에 지점을 확장하며 공유 경제의 대표 주자로 부상했습니다. 한때 기업 가치가 470억 달러(약 63조 원)에 달할 정도로 주목받았으나, 2019년 기업공개(IPO) 과정에서 경영진의 도덕적 해이와 방만한 경영이 드러나며 기업 가치가 급락했습니다.

결국, 뉴먼은 CEO 자리에서 물러났고, 「위워크」는 구조조정을 거쳐 2021년 「스팩(SPAC)」 합병을 통해 우회상장했으나, 이후에도 재무적 어려움이 지속돼 2023년 파산 신청에까지 이르렀습니다.

창업자 '애덤 뉴먼'은 회사 자금을 개인적으로 유용하고, 자신이 소유한 부동산을 「위워크」에 임대해 이익을 취하는 등 이해 상충 행위를 일삼았습니다. 또한, 전용기를 이용한 사치스러운 생활과 비즈니스와 무관한 지출로 투자자의 신뢰를 잃었습니다. 이러한 비윤리적 경영 행태는 기업의 투명성과 신뢰성을 훼손했으며, IPO 실패와 기업 가치 하락의 주요 요인으로 작용했습니다.

「위워크」의 사례는 경영진의 윤리적 책임과 투명한 지배구조의 중요성을 생각하게 합니다. 경영진의 도덕적 해이는 기업의 신뢰도와 지속 가능성에 직접적인 영향을 미치며, 투자자와 시장의 신뢰를 저하합니다.

따라서 기업은 윤리 경영을 실천하고, 이해 상충을 방지하며, 투명한 의사 결정 구조를 구축해야 합니다. 또한, 무리한 확장보다는 지속 가능한 성장 전략을 수립해 외부 환경 변화에 유연하게 대응할 수 있는 조직 문화를 형성하는 것이 중요합니다.[58]

다른 사례로는 여자 스티브 잡스라고 불렸던 '엘리자베스 홈즈(Elizabeth Holmes)'의 「테라노스(Theranos)」 사례가 있습니다. 「테라노스」는 2003년 '엘리자베스 홈즈'가 설립한 혁신적인 헬스케어 스타트업으로, 소량의 혈액만으로 수백 가지의 질병을 진단할 수 있는 기술을 개발하겠다는 비전을 제시했습니다.

이러한 혁신적인 아이디어 덕분에 「테라노스」는 한때 기업 가치가 90억 달러에 이르렀으며, 홈즈는 실리콘밸리의 아이콘으로 부상했습니다. 그러나 2015년부터 「테라노스」의 기술에 대한 의문이 제기되면서, 결국 기술의 실효성과 경영진의 윤리적 문제가 드러나 회사는 몰락의 길을 걷게 됐습니다.

「테라노스」의 실패는 경영진의 도덕적 해이와 비윤리적 경영 관행에서 비롯됐습니다. '엘리자베스 홈즈'와 경영진은 기술적 한계를 인지하고 있었음에도 불구하고, 투자자와 대중에게 과장된 정보를 제공하며 회사의 성과를 부풀렸습니다.

특히, 홈즈는 기술의 실효성을 입증하지 못한 상태에서 대규모 자금을 유치했으며, 내부 고발자의 경고를 무시하고 조직 내 비판적인 목소리를 억압했습니다. 이러한 비윤리적 행태는 결국 규제 당국의 조사와 법에 따른 제재로 이어져, 회사의 신뢰도와 존립 기반을 무너뜨리는 결과를 불러왔습니다.

「테라노스」 사례는 경영진의 윤리적 책임과 투명한 지배구조의 중요성을 강조합니다.

기술 기반 스타트업은 기술의 실효성과 안전성을 철저히 검증하고, 이를 투명하게 공개해 신뢰를 구축해야 하며, 경영진은 조직 내 다양한 의견을 수렴하고, 비판적인 목소리에도 귀 기울이며 윤리적 경영을 실천해야 합니다. 마지막으로 투자자와 대중에게는 정확하고 검증된 정보를 제공해 신뢰를 유지하는 것이 중요합니다. 이를 통해 기업은 지속 가능한 성장을 도모하고, 사회적 책임을 다할 수 있을 것입니다.[59]

마지막 사례로는 국내 언론에서도 크게 기사화됐던 '루나(LUNA)' 사태가 있습니다. '루나'는 「테라폼랩스(Terraform Labs)」가 개발한 알고리즘 기반 스테이블코인 '테라USD(UST)'의 가치를 유지하고자 설계된 암호화폐입니다.

'테라USD'는 1달러에 연동되도록 설계됐으며, '루나'는 이 연동을 지원하는 역할을 맡았습니다. 그러나 2022년 5월, '테라USD'의 가치가 1달러 이하로 급락하면서 '루나'의 가격도 동반 하락했습니다. 이에 따라 '루나'의 시가총액이 단기간에 수십조 원이 증발했으며, 투자자들은 막대한 손실을 보았습니다.

'루나'의 대폭락은 경영진의 도덕적 해이와 비현실적인 수익률 제시에 기인합니다. 「테라폼랩스」는 '테라USD'의 안정성을 유지하는 데 '루나'를 활용하는 복잡한 알고리즘을 도입했으나, 이러한 메커니즘의 취약성을 충분히 고려하지 않았습니다.

특히, 연 20%의 고수익을 제공하는 '앵커 프로토콜'로 투자자들을 유인했으나, 이는 지속 가능하지 않은 수익률이었습니다. 또한, 경영진은 이러한 위험성을 투자자에게 명확히 고지하지 않았으며, 내부 통제와 위험 관리에 소홀했습니다.

'루나'의 대폭락 사례는 경영진의 윤리적 책임과 투명한 정보 공개의 중요성을 강조합니다. 복잡한 금융 상품이나 기술을 도입할 때는 그 메커니즘의 안정성과 지속 가능성을 철저히 검토해야 하며 투자자들에게 현실적이고 투명한 정보를 제공해 신뢰를 구축해야 합니다.[60]

비현실적인 수익률 제시로 투자자들을 유인하는 행위는 장기적으로 기업의 신뢰도와 지속 가능성에 부정적인 영향을 미칠 수 있음을 인식해야 합니다.

부록

1
신사업 점검 프로세스

　신사업 점검 프로세스는 크게 사업 포트폴리오 관점에서 전체 신사업 전략을 재점검하는 것과, 내부 육성 중인 개별 신사업들의 Gate Review 프로세스로 구분해 볼 수 있습니다.
　사업 포트폴리오 관점에서 신사업 재점검은 매년 최소 1~2회 정기적으로 시행하는 것이 바람직합니다. 특히 전반적인 사업 계획 수립 시점과 맞물려 수행하는 것이 효과적이며, 외부 경영 환경에 급격한 변화가 발생했을 때는 긴급하게 전략을 재검토해야 합니다. 이렇게 주기적이고 유연하게 점검해 불확실성에 효과적으로 대응할 수 있습니다.

　전략 점검 방식으로는 3C(고객, 시장, 경쟁) 분석을 활용해 기존 추진 전략의 유효성을 평가하고, 새로운 기회나 잠재적인 리스크가 있는지를 살펴보는 방식이 있습니다. 아울러, 신사업의 상태를 후보군, 추진 중, 성장 가속화 단계로 나누고 단계별로 육성 전략을 구체화합니다. 마지막으로 시장 환경, 고객 수용성, 고객 가치 완성도, 내부 경영 상황 등을 종합적으로 고려해 투자 규모 및 시장 진입 시기를 결정해야 합니다.

　육성 중인 개별 신사업의 점검 프로세스는 제조 회사들이 주로 채택하고 있는 하드웨어 금형 개발 중심의, 시작과 끝의 일정 목표가 명확한 NPI 프로세스가 아니라, 중간 점검 게이트(Gate)를 설정하고, 게이트를 통과할 때까지 반복적으로 고객 가치를 점검하고 개선하는 순환적 점검 방식입니다.

보통 신사업 출시까지 아래와 같이 4단계의 게이트 리뷰가 필요하며 리뷰마다 고객, 경쟁, 시장, 경쟁 관점에서 신사업이 제공하는 고객 가치를 점검합니다.

1차 리뷰

목표 고객의 문제, 필요 사항 혹은 욕망을 설정하고 이를 해결하는 아이디어를 도출, 그리고 목표 시장 규모를 리뷰합니다. 1차 리뷰할 때는
- "목표 고객이 명확한가?"
- "고객에게 기존에 없던 획기적 가치를 제공하는가?"
- "경쟁 관점에서는 유사 제품이나 대체재가 없는가?"
- "시장 규모와 시장 성장성은 높은가?"

가 주요 점검 항목입니다.

2차 리뷰

고객에게 제공할 신사업 콘셉트의 선호도 평가를 실시하고, 그 결과를 리뷰해 신사업이 제공하는 고객 가치 콘셉트를 확정합니다. 2차 리뷰에는 콘셉트 선호도 조사 결과의 점검과 함께,
- "콘셉트와 사업 모델의 참신성, 경쟁사 대비 진입 장벽, 가격 구조, 기능과 서비스 등에서 우위에 있는가?"
- "다른 제품이나 서비스로 확장 가능한가?"
- "자사의 내외부 역량을 활용해 현실적으로 구현 가능한가?"

가 주요 점검 항목입니다.

3차 리뷰

확정된 고객 가치를 구현하고, 고객 수용성 평가를 실시해, 그 결과를 리뷰함으로써 신사업으로 사업화 준비를 할지 말지 결정하는 시점입니다. 3차 리뷰 때에서는 고객 수용성 평가 결과

를 점검하고,

- "접근할 수 있는 시장 규모(SAM)는 충분히 의미 있는가?"
- "영업이익과 출시 3년과 5년 차 ROIC(투하자본이익률)의 수익성은 높은가?"
- "사업의 성공 요건과 Risk 대응 방안이 수립돼 있고 구체적인가?"
- "향후 경쟁 강도나 잠재적 경쟁자 위협은 어느 정도인가?"
- "자사 입장에서 고객과 채널 확보는 용이한가?"

등을 점검합니다.

4차 리뷰

신사업 출시 3개월 전에 시장 진입 준비 상황을 점검하고 최종 시장 진입 여부를 확정하는 단계입니다. 이 시점에서는 신사업 제품이나 서비스의 완성도, 품질 및 규격 인증, 시장 진입 계획(Go to market Plan), 전시회나 주요 고객사/유통사 등의 피드백, 출시 후 1년 동안의 월별 매출 / 영업이익 / 마케팅 투자 계획 등을 종합적으로 판단해 신사업 출시 여부를 확정합니다.

2

신사업 사업계획서 AI 활용 프롬프트

최근 국내 대기업에서는 생성형 AI를 도입해 생산성을 극대화하려는 움직임이 활발합니다. 신사업 기획 분야에서도 이러한 움직임이 나타나고 있으며, 아래는 '채혈하지 않고 당뇨병 수치를 확인할 수 있는 스마트 워치'에 대한 사업계획서 초안을 생성형 AI의 대표 주자인 'ChatGPT', 'deepseek'에서 '검색' 옵션을 함께 설정해 사용할 수 있게 만든 프롬프트(생성형 AI용 입력문)입니다.

아래 예제는 아이디어를 빠르게 추진하고자 초안을 만드는 용도로 활용할 때 효과적입니다. 물론 신사업의 핵심 아이디어까지 생성형 AI가 만들어줄 수는 없으나, 핵심 아이디어를 보완하는 여러 내용은 손쉽게 생성이 가능합니다. 생성형 AI가 만들어준 내용의 정확성을 검토하고 출처를 확인하는 작업은 꼭 해야 합니다.

사업계획서 AI생성 프롬프트 예제

당신은 지금부터 신사업 전문 경영컨설턴트 역할입니다. 현재 신사업으로 준비 중인 '채혈하지 않고 당뇨병 수치를 확인할 수 있는 스마트워치'에 대한 신사업 추진용 사업계획서를 작성하고자 합니다. 다음 제약 조건과 출력 형식에 따라 초안을 작성해 주세요.

###제약조건

- 글은 명료하고 논리적으로 일관되게 작성하고, 초보자와 중급 사용자 모두가 쉽게 이해할 수 있도록 구성하며, 정확한 용어와 구체적인 예시로 독자가 내용을 쉽게 공감하고 이해할 수 있도록 합니다.
- 모든 글은 구조적이고 체계적인 흐름을 유지해 독자의 몰입을 돕는 것이 중요합니다.
- 읽었을 때 실제 신사업을 추진해 본 경영 컨설턴트로 느껴지게 세련된 내용으로 작성합니다.
- 글을 작성할 때는 공식적인 말투로 구성하고, 한국어의 맞춤법에 맞게 작성하며, 문장의 종결 표현은 평서문으로 'ㅂ니다.' 로 문장을 끝냅니다.
- 초안은 4,000자 내외 분량으로 상세히 기술합니다.
- '회사 목적'은 하나의 선언적 문장으로 회사를 정의하세요. 기능을 나열하지 말고, 사명을 전달할 수 있어야 합니다.
- '고객의 문제점'은 구체적으로 고객의 불편 사항이 정의돼야 하고, 해당 문제의 현재 해결 방법과 문제점은 무엇인지가 명시돼야 합니다.
- '해결책'은 새롭게 제안하는 고객 가치가 고객 입장에서 매력적이고 구입해야 이유는 무엇인지, 이 고객 가치는 지속될 수 있는 것인지, 그리고 앞으로 어떤 방향으로 발전할 것인지가 명시돼야 합니다.
- '왜 지금인가?'는 왜 지금까지 제안한 고객 가치가 시장에 출시되지 않았던 이유는 무엇인지 설명돼야 합니다.
- '시장 잠재력'은 현재 시장 규모, 미래의 시장 규모를 제안해야 하며, 출처나 산정 기준을 제시합니다.
- '경쟁사/대안'은 직접적인 경쟁사는 어디인지?, 경쟁사나 대안 대비해서 경쟁 우위 요소는 무엇인지?가 제시돼야 합니다.
- '비즈니스 모델'은 수익을 발생할 수 있는 모델과 시점은 언제인지? 기존 비즈니스 모델과의 차별점은 무엇인지? 설명돼야 합니다.
- '팀 구성'은 리더와 주요 팀원들의 신사업 관련 주요 경력과 보유 역량이 소개돼야 합니다.

- '경영지표'는 현재 매출, 영업이익과 향후 3개년의 계획이 제시돼야 합니다.
- '비전'은 모든 것이 순조롭게 신사업이 진행됐을 때 향후 5년 후에는 어떤 모습일지 미래 모습이 제안돼야 합니다.

###출력 형식
- 회사 목적
- 고객의 문제점
- 해결책
- 왜 지금인가?
- 시장 잠재력
- 경쟁사/대안
- 비즈니스 모델
- 팀 구성
- 경영지표
- 비전

ChatGPT 4.5 출력 결과

아래 내용은 ChatGPT 4.5에서 위 프롬프트를 입력하고 검색 옵션을 추가해서 생성한 결과물입니다. 생성형AI의 특성상 출력 결과는 매번 달라질 수 있습니다.

회사 목적
당사는 혁신적인 기술을 통해 당뇨병 환자와 건강을 중시하는 모든 이들에게 비침습적 혈당 모니터링 솔루션을 제공함으로써 삶의 질 향상에 기여합니다.

고객의 문제점

당뇨병 환자들은 혈당 관리를 위해 하루에도 여러 번 채혈해야 합니다. 이 과정은 통증과 불편함을 수반하며, 장기적으로는 피부 손상이나 감염의 위험도 있습니다. 현재 이러한 문제를 해결하기 위해 연속혈당측정기(CGM)가 사용되고 있지만, 많은 제품이 여전히 피부에 센서를 삽입하는 침습적인 방식을 채택하고 있어 완전한 불편 해소에는 한계가 있습니다.

해결책

당사는 채혈 없이 혈당 수치를 실시간으로 측정할 수 있는 스마트워치를 개발하고 있습니다. 이 제품은 비침습적 센서 기술을 활용해 사용자의 피부 표면을 통해 혈당 수치를 모니터링합니다. 이를 통해 사용자는 통증 없이, 언제 어디서나 혈당을 관리할 수 있으며, 데이터는 스마트폰과 연동돼 체계적인 건강 관리를 지원합니다. 이러한 고객 가치는 당뇨병 환자뿐만 아니라 건강을 모니터링하고자 하는 일반인들에게도 매력적이며, 지속적인 기술 혁신을 통해 더욱 향상될 것입니다.

왜 지금인가?

비침습적 혈당 측정 기술은 오랜 기간 연구돼 왔지만, 기술적 한계와 정확도 문제로 상용화되지 못했습니다. 최근 센서 기술과 데이터 분석 능력의 발전으로 인해 이러한 기술의 상용화가 가능해졌습니다. 또한, 웨어러블 기기 시장의 성장과 개인 건강 관리에 대한 관심 증가로 인해 지금이 이러한 제품을 출시하기에 최적의 시점입니다.

시장 잠재력

전 세계 당뇨병 환자 수는 지속적으로 증가하고 있으며, 이에 따른 혈당 모니터링 기기 시장도 확대되고 있습니다. 또한, 건강 관리에 관심이 높은 일반 소비자들 사이에서도 웨어러블 기기를 통한 건강 모니터링 수요가 증가하고 있습니다. 이러한 추세를 고려할 때, 비침습적 혈당 측정 스마트워치 시장은 향후 수년간 큰 성장이 예상됩니다.

경쟁사/대안

현재 삼성전자와 애플과 같은 대기업들이 비침습적 혈당 측정 기술을 스마트워치에 도입하기 위한 연구를 진행 중입니다. 그러나 아직 상용화된 제품은 출시되지 않았습니다. 당사의 경쟁 우위는 이러한 기술을 보다 신속하게 상용화하고, 사용자 친화적인 인터페이스와 정확도를 제공하는 데 있습니다.

비즈니스 모델

당사의 주요 수익 모델은 스마트워치 판매를 통한 직접적인 제품 판매 수익입니다. 또한, 사용자들이 자신의 건강 데이터를 효과적으로 관리할 수 있도록 돕는 프리미엄 서비스나 애플리케이션을 제공해 추가적인 수익을 창출할 계획입니다. 기존 비즈니스 모델과의 차별점은 하드웨어 판매에만 의존하지 않고, 지속적인 서비스 제공을 통해 장기적인 고객 관계를 구축하는 데 있습니다.

팀 구성

당사는 의료 기기 개발, 센서 기술, 소프트웨어 개발 및 마케팅 분야에서 풍부한 경험을 가진 전문가들로 구성돼 있습니다. 리더는 20년 이상의 의료 기기 산업 경력을 보유하고 있으며, 주요 팀원들은 각자의 분야에서 혁신적인 프로젝트를 성공적으로 수행한 경험이 있습니다.

경영지표

현재 당사는 제품 개발 단계에 있으며, 매출과 영업이익은 발생하지 않았습니다. 향후 3년간의 계획은 다음과 같습니다:

- 1년 차: 제품 개발 완료 및 시범 판매 시작, 매출 목표 10억 원
- 2년 차: 국내 시장 본격 진출 및 마케팅 강화, 매출 목표 50억 원
- 3년 차: 해외 시장 진출 및 제품 라인업 확대, 매출 목표 100억 원

비전

5년 후, 당사는 비침습적 혈당 모니터링 분야의 선도 기업으로 자리매김해, 전 세계 당뇨병 환자들과 일반 소비자들에게 혁신적인 건강 관리 솔루션을 제공하는 것을 목표로 합니다. 이를 통해 개인의 건강 관리 패러다임을 변화시키고, 보다 건강한 사회를 만드는 데 기여할 것입니다.

고객 문제 해결 아이디어 발굴 방법

고객 가치 발굴 단계에서 신사업 추진의 핵심은 고객의 문제를 정확히 인식하고 이를 해결할 수 있는 혁신적인 아이디어를 발굴하는 것입니다. 예를 들어, 전자상거래 기업들이 고객의 반품 문제를 해결하려고 AI 기반의 추천 시스템을 도입해 반품률을 감소시킨 사례와 같이 고객의 문제와 불편 사항을 해결하는 과정은 기업의 경쟁력을 높이고 시장에서의 지속적인 성장을 보장하는 중요한 요소입니다.

따라서 문제를 해결하는 방법을 명확히 정의하고, 이를 바탕으로 해결책을 제시하는 과정은 신사업의 성공 여부를 좌우할 수 있습니다.

'브레인스토밍(Brainstorming)'은 가장 잘 알려진 방법의 하나로, 그룹 내에서 자유롭게 아이디어를 제시하고, 이를 통해 창의적인 해결책을 도출하는 방법입니다. 효과적인 브레인스토밍을 하려면 제한 시간을 설정해 집중력을 높이고, 논의 범위를 명확히 하는 것이 중요합니다.

또한, 모든 아이디어를 존중하는 분위기를 조성해 참여자의 창의성을 극대화하고, 아이디어를 정리한 후 우선순위를 정하는 과정도 필요합니다. 팀원 간의 협업을 통해 다양한 아이디어를 도출할 수 있으며, 각기 다른 관점에서 문제를 바라볼 수 있어 혁신적인 해결책을 찾을 수 있습니다.

물론, 모든 아이디어가 실현할 수 있거나 효과적이지 않을 수 있으며, 아이디어의 질보다는 양이 중요시될 수 있어 실제로 실행할 수 있는 아이디어를 선별하는 데 어려움이 있을 수 있습니다.

이를 해결하려면 아이디어의 실현 가능성, 시장 적합성, 실행 비용, 기대 효과 등을 평가하는 기준을 마련합니다. 예를 들어, 아이디어를 구체적으로 검토하는 과정에서 'SWOT 분석'을 활용하거나, 고객 피드백 및 시제품 테스트를 통해 실행 가능성을 검증하는 방법이 효과적일 수 있습니다. 또한, 그룹 내 일부 인물의 의견이 지배적이 될 가능성이 있으므로 주의가 필요합니다.

'콘셉트 테스트(Concept Testing)'는 개발된 아이디어나 제품을 실제 고객에게 보여주고, 반응을 분석해 개선 방향을 찾는 방법입니다.

이 방법은 고객의 실제 반응을 통해 아이디어나 제품의 수용 가능성을 평가할 수 있어 실패 위험을 줄이고, 제품 출시 전에 개선할 부분을 확인할 수 있어 실효성이 높습니다.

하지만 고객이 제품이나 서비스를 완전히 이해하지 못해서 초기 반응이 왜곡될 수 있으며, 비용과 시간이 많이 소요됩니다. 다양한 고객군을 대상으로 테스트를 진행해야 하며, 과거 「코카콜라」의 사례처럼 고객의 피드백이 반영되더라도 실제 제품 출시 후 시장 반응이 달라질 수 있습니다.

'시장 조사'는 고객의 문제를 해결하고자 시장과 고객의 요구 사항을 분석하는 방법입니다. 시장 조사는 크게 1차 연구(Primary Research)와 2차 연구(Secondary Research)로 나뉩니다.

1차 연구는 설문조사, 인터뷰, 포커스 그룹과 같은 직접적인 데이터 수집 방법을 포함하며, 특정 시장이나 고객층의 실질적인 의견을 파악하는 데 유용합니다. 반면, 2차 연구는 기존에 존재하는 보고서, 산업 분석, 경쟁사 데이터 등을 활용해 시장 트렌드를 분석하는 방식으로, 비교적 빠르고 비용효율이 높은 접근법입니다.

'고객 피드백 및 리뷰 분석(Customer Feedback and Review Analysis)'은 기존 고객의 피드백이나 온라인 리뷰 등을 분석해 고객의 문제점을 파악하는 방법입니다. 특히, 전자상거래나 음식 배달 서비스와 같은 산업에서 효과적입니다.

예를 들어, 배달 서비스 플랫폼은 고객 리뷰를 분석해 음식 품질, 배달 속도, 고객 서비스 등의 개선점을 도출할 수 있습니다. 고객이 실제로 겪은 문제를 직접적으로 알 수 있어 비교적 적은 비용과 시간으로 유용한 데이터를 확보할 수 있으며, 고객의 솔직한 의견은 신속하게 문제를 해결할 기회를 제공합니다.

하지만 피드백이 지나치게 개인적이어서 객관성이 떨어질 수 있으며, 고객의 의견이 항상 문제 해결에 직접 연결되지 않을 수 있습니다. 또한, 특정 고객층 의견만 반영될 수 있어 전체 고객의 요구를 대표하지 못할 수 있습니다.

'고객 행동 분석(Customer Behavior Analysis)'은 고객의 구매 패턴, 사용 습관, 웹사이트 방문 데이터를 분석해 고객의 문제를 예측하고 해결책을 제시하는 방법입니다.

예를 들어, 「넷플릭스」와 같은 스트리밍 플랫폼은 고객의 시청 이력을 기반으로 맞춤형 콘텐츠를 추천하는 알고리즘을 활용해 사용자 경험을 최적화합니다. 또한, 전자상거래 업체는 고객의 검색 및 장바구니 데이터를 분석해 개인화된 마케팅을 실행하고, 이를 통해 구매 전환율을 높이는 전략을 구사합니다.

고객이 실제로 무엇을 필요로 하는지 행동을 파악해 직관적으로 알 수 있으며, 데이터를 기반으로 분석하므로 과학적이고 객관적인 접근이 가능합니다. 하지만 행동 데이터를 수집하고 분석하는 데 시간이 많이 소요되며, 데이터가 부족하거나 왜곡될 경우 잘못된 결론을 도출할 수 있고, 고객이 직접적으로 언급한 문제를 반영하는 것에는 한계가 있을 수 있습니다.

고객 문제를 해결하는 방법은 매우 다양하며, 각 방법의 특성을 잘 이해하고 상황에 맞게 선택하는 것이 중요합니다. 예를 들어, 「애플」은 고객 충성도를 알 수 있는 NPS 데이터 분석을 바탕으로 제품의 사용자 경험을 지속적으로 개선해 왔으며, 이를 통해 시장에서 높은 브랜드 충성도를 유지하고 있습니다. 이처럼 효과적인 고객 문제 해결 전략은 기업의 성공과 직결될 수 있습니다.

고객의 요구를 정확히 파악하고, 그에 맞는 해결책을 제시하는 과정은 신사업 추진의 핵심입니다. 각 방법은 장단점이 존재하므로, 여러 방법을 병행하거나 단계적으로 적용하는 전략이 효과적일 수 있습니다. 고객의 요구를 반영한 아이디어의 발굴은 신사업을 추진하려는 상황에서 성공적인 출발점이 될 수 있습니다.

4

디자인 씽킹

　'디자인 씽킹'은 사용자 중심의 문제 해결 방법론으로, 복잡한 문제에 창의적이고 혁신적으로 접근하는 사고 방식입니다. 이는 사용자의 실제 요구와 경험을 깊이 이해하고, 이를 바탕으로 새로운 아이디어를 도출하며, 프로토타입 제작과 테스트로 최적의 솔루션을 찾아가는 과정을 포함합니다.

　'디자인 씽킹'은 디자이너들이 인간 중심의 문제를 해결하고자 할 때 사용하는 접근 방식을 일반적인 비즈니스와 엔지니어링 분야에 적용한 것입니다.

　'디자인 씽킹'의 기원은 1960년대 후반 「스탠퍼드 대학교」의 디자인 프로그램에서 시작됐습니다. 당시 복잡한 문제를 해결하는, 창의적이고 협업적인 접근 방식이 필요했습니다. 특히 사용자 중심의 솔루션 개발이 강조됐습니다. 이는 제품 디자인뿐만 아니라 비즈니스, 공공 서비스, 의료 등 다양한 분야에서 문제를 해결하는 새로운 방법론으로 발전하게 됐습니다. 이후, 1991년 설립된 디자인 컨설팅 회사 「IDEO」의 공동 창업자 '데이비드 켈리(David Kelley)'가 발전시켰으며, '팀 브라운(Tim Brown)'이 '체인지 바이 디자인'이라는 저서로 널리 알렸습니다.

　'디자인 씽킹'은 사용자의 실제 요구를 파악하고 이를 해결하는 데 초점을 맞추기 때문에 사용자 만족도를 높일 수 있으며, 고정관념을 깨고 새로운 시각으로 문제를 바라보게 해 창의적인 해결책을 도출할 수 있습니다. 또한, 다양한 배경을 가진 사람들과의 협업으로 더 폭넓은 관점에서 문제를 해결할 수 있습니다.

하지만 '디자인 씽킹'의 공감 단계와 반복적인 '프로토타입' 제작 과정은 많은 시간이 소요될 수 있으며, 특히 처음 사용하는 사람들에게는 프로세스가 불명확하게 느껴질 수 있습니다. 이를 더욱 쉽게 적용하려면 먼저 소규모 프로젝트에서 시작해 보는 것이 좋습니다.

팀원들과 '브레인스토밍'을 정기적으로 진행하고, 간단한 '프로토타입'을 신속하게 만들어 테스트하는 방식으로 접근하면 효율성을 높일 수 있습니다. 디지털 협업 도구를 활용해 아이디어를 시각화하는 것도 좋은 방법입니다.

이 방법은 빠른 결정을 내려야 할 때는 비효율적일 수 있습니다. 사용자 인터뷰, 관찰 등 공감 단계를 제대로 수행하려면 많은 자원과 인력이 필요할 수 있습니다.

「스탠퍼드 대학교」 '디스쿨'은 '디자인 씽킹' 프로세스를 다음의 다섯 단계로 정의합니다.

1. 공감(Empathy)
사용자의 경험과 감정을 깊이 이해하려고 관찰, 인터뷰 등을 진행하는 단계입니다.

2. 정의(Define)
공감 단계에서 얻은 통찰을 바탕으로 사용자의 핵심 문제를 명확하게 정의하는 과정입니다.

3. 아이디어화(Ideate)
문제 정의를 기반으로 다양한 아이디어를 자유롭게 생성하는 단계입니다.

4. 프로토타입(Prototype)
도출된 아이디어 중에서 실행 가능성이 높은 것들을 선택해 프로토타입을 제작하는 과정입니다.

5. 시험(Test)

제작된 프로토타입을 사용자에게 제공해 피드백을 받고, 이를 바탕으로 문제점을 보완하고 개선하는 단계입니다.

이러한 프로세스를 통해 '디자인 씽킹'은 사용자 중심의 혁신적인 해결책을 도출하며, 다양한 분야에서 활용되고 있습니다.

'디자인 씽킹' 관련 자료는 시중에 많이 있지만, 제가 추천하는 내용은 「어도비」의 참고 자료[61]와 한글로 번역된 실제 '디자인 씽킹'을 바로 적용해 볼 수 있는 toolkit[62]입니다.

아마존 워킹 백워드

'아마존 워킹 백워드' 프로세스는 고객의 요구 사항을 제품 및 서비스 개발의 출발점으로 삼아, 최종 소비자의 관점에서 제품의 가치와 문제 해결 방안을 명확히 규명하는 「아마존」 고유의 상품 기획 기법입니다.

이 프로세스는 아이디어 구상 단계부터 전통적인 개발 방식과는 정반대로 '보도자료'와 'FAQ(Frequently Asked Questions)' 문서를 작성하고, 이를 기반으로 제품의 핵심 기능과 시장 전략을 구체화합니다.

'아마존 워킹 백워드' 프로세스의 장점은 제품 개발 초기 단계에서부터 소비자의 요구와 문제점을 명확하게 파악함으로써, 시장 진입 시 불필요한 시행착오를 최소화하고 신속하게 경쟁력 있는 솔루션을 도출할 수 있다는 점에 있습니다. 이를 통해 제품이나 서비스가 실제 고객의 기대에 부합하는지 검증할 수 있습니다. 또한, 내부 팀 간의 명확한 목표를 설정하고 원활한 의사소통을 도모함으로써 개발 프로세스 전반의 효율성을 극대화할 수 있습니다.

하지만 초기 단계에서 상당한 시간과 자원을 문서 작업에 투자해야 한다는 부담이 있습니다. 도출된 방향성이 실제 시장의 급변하는 환경에 완벽히 부합하지 않을 경우 개발 과정에서 수정과 보완이 반복될 위험이 있다는 단점도 있습니다. 또한, 이와 같은 고객 중심 접근 방식이 때로는 내부 혁신이나 창의적인 발상을 제한한다는 점에서 단점으로 작용할 가능성이 있으며, 조직 내 다양한 의견을 수렴하는 과정에서 발생하는 조율 문제 역시 고려해야 할 요소입니다.

'아마존 워킹 백워드' 프로세스는 아래와 같이 초기 기획 단계부터 최종 실행에 이르기까지 명확한 단계별 절차로 제품 개발 전 과정을 체계적으로 관리합니다.

1. 첫 번째 단계에서는 제품이나 서비스에 대한 기본 아이디어 도출과 고객의 요구 사항 분석이 진행됩니다. 이 과정에서 시장 조사와 고객 인터뷰 등 다양한 방법으로 잠재 고객의 요구 사항을 심도 있게 파악합니다.

2. 이후 도출된 고객 요구 사항을 토대로 예상 결과물을 상정한 '보도자료'를 작성하며, 이 보도자료에는 제품이 출시됐을 때 소비자에게 전달할 핵심 메시지와 기대 효과를 명확하게 기술합니다.

3. 다음 단계에서는 예상되는 고객과 내부 이해관계자들의 의문을 사전에 해소하는 'FAQ' 문서를 작성합니다. 이 과정에서는 제품 기능, 사용 방법, 가격 정책 등 다양한 요소에 관한 구체적이고 명료한 답변을 마련합니다. 이는 개발팀 내외의 소통을 원활하게 하고 불필요한 오해를 방지하는 역할을 수행합니다. 또한, 보도자료와 FAQ 작성은 제품의 핵심 가치를 재확인하고, 고객 중심의 비전을 내부적으로 공유하는 중요한 역할을 합니다.

4. 이후 단계에서는 제품의 프로토타입 제작과 내부 테스트, 고객 피드백 수집으로 초기 아이디어를 지속적으로 검증하고 개선하는 과정을 거치게 됩니다. 이 과정에서는 실제 고객 경험을 모의 테스트한 다양한 시나리오와 '시각 자료(Visuals)'를 활용해 제품의 사용성을 평가하며, 이를 바탕으로 핵심 성과 지표와 성공 기준을 재정립합니다.

5. 마지막으로, 수집된 피드백과 검증 결과를 토대로 제품 출시 전 최종 실행 계획과 일정, 자

원 배분 계획을 세부적으로 수립함으로써 전사적인 협업과 원활한 실행을 보장하는 체계적인 개발 프로세스를 완성합니다.

'아마존 워킹 백워드' 프로세스에서 산출되는 주요 결과물은 제품 개발의 방향성과 실행 전략을 명확하게 전달하는 면에서 중요한 역할을 합니다.

'보도자료'는 제품 출시 이후 실제 보도될 내용을 미리 작성합니다. 이를 통해 제품의 핵심 가치와 특징, 고객이 얻을 수 있는 혜택 등을 명확히 서술한 문서를 마련할 수 있습니다. 이 문서는 내부 팀과 외부 이해관계자에게 제품의 비전과 전략을 공유하는 중추적인 역할을 합니다.

'FAQ' 문서는 고객, 투자자, 내부 팀원 등 다양한 이해관계자가 떠올릴 가능성이 있는 질문들에 대한 예상 답변을 먼저 마련해 제품 개발 초기 단계부터 명확한 소통 채널을 확보하는 역할을 합니다.

'5 Questions' 산출물은 제품 개발 초기 단계에서 반드시 고려해야 할 다섯 가지 핵심 질문을 기반으로 합니다. 즉, 고객의 문제, 해결책, 경쟁 환경, 시장 규모, 실행 전략 등에 대한 구체적이고 분석적인 답변을 포함해 제품이 시장에서 성공하는 데 필요한 전략적 기반을 마련하는 데 기여합니다.

이와 함께, 'Visuals' 자료는 제품의 사용 시나리오, 고객 여정, 디자인 목업 등 시각적 자료로서, 고객이 제품을 처음 접한 후 구매에 이르기까지의 흐름을 나타낸 고객 여정 지도나, 프로토타입의 인터페이스 디자인을 보여주는 것들이 포함될 수 있습니다. 제품의 기능과 가치를 직관적으로 이해할 수 있도록 지원하며, 이는 내부 팀원 간의 소통과 협업을 증진하는 효과를 기대할 수 있습니다.

마지막으로, 이러한 산출물은 제품 개발 과정에서 지속적으로 업데이트해야 합니다. 사용자 피드백을 반영해 기능을 개선하거나, 시장 변화에 맞춰 전략을 조정하는 등 실시간으로 최적화할 필요가 있습니다.

이와 같이 '아마존 워킹 백워드 프로세스'에서 도출된 각종 산출물은 고객 중심으로 철저한 검증 과정을 거쳐 최종 제품의 품질과 시장 경쟁력을 확보하는 데 기여합니다. 조직 전체가 하나의 목표 아래 통합적으로 움직일 수 있도록 지원하는 프로세스입니다.

3C 분석과 4P 분석

신사업 아이디어의 비즈니스 모델을 구체화하는 과정에서 전통적으로 많이 알려진 '3C 분석'과 '4P 분석'은 유용한 도구입니다. 이 비즈니스 프레임워크는 시장 환경을 체계적으로 이해하고, 효과적인 마케팅 전략을 수립하는 데 도움을 줍니다.

'3C 분석'은 일본의 경영 컨설턴트 '오마에 겐이치(Ohmae Kenichi)'가 1982년 저서 'The Mind of the Strategist'에서 제안한 프레임워크입니다. 이 프레임워크는 기업이 경쟁 우위를 확보하고자 할 때 고려해야 할 세 가지 핵심 요소인 '고객(Customer)', '경쟁사(Competitor)', '자사(Company)'를 중심으로 시장을 분석하는 방법입니다.

'고객' 분석에서는 고객의 요구, 선호도, 구매 행동 등을 조사해 목표 시장을 명확히 정의합니다. 설문조사, 인터뷰, 시장 데이터 분석, 소셜 미디어 트렌드 모니터링 등의 방법을 활용해 고객의 실제 요구를 파악할 수 있습니다. 고객 분석으로 제품이나 서비스가 고객의 요구를 어떻게 충족할 수 있는지 파악합니다.

'경쟁사' 분석에서는 경쟁사의 강점, 약점, 전략 등을 분석해 자사의 경쟁력을 평가합니다. 이로써 경쟁사 대비 차별화 전략을 수립할 수 있습니다.

'자사' 분석에서는 자사의 자원, 역량, 브랜드 이미지 등을 조사해 내부적인 강점과 약점을 파악합니다. 이로써 자사를 성공으로 이끌 독특한 가치를 정의합니다.

'3C 분석'은 이 세 가지 요소의 상호작용을 종합적으로 고려해, 기업이 시장에서 경쟁 우위를 확보하는 전략을 수립하는 데 도움을 줍니다. 예를 들어, 스타트업이 신제품을 출시할 때 고객 분석으로 주요 대상을 정의하고, 경쟁사 분석으로 시장 내 차별화 요소를 파악하며, 자사 분석으로 자원의 강점을 활용하는 전략을 수립할 수 있습니다. 이를 통해 기업은 더욱 효과적인 시장 진입과 성장을 도모할 수 있습니다.

고객, 경쟁사, 자사를 동시에 분석함으로써 시장 환경을 포괄적으로 이해하고, 이를 통해 독특한 전략적 기회를 발견할 수 있습니다. 또한, 다양한 산업과 기업 규모에 적용할 수 있는 유연한 프레임워크입니다.

그러나 '3C 분석'은 거시적 환경 요인(정치, 경제, 사회, 기술 등)을 충분히 반영하지 못할 수 있으므로 이를 보완하는 'PEST 분석'(정치적, 경제적, 사회적, 기술적 환경 요인 분석)과 함께 활용하면 더욱 효과적입니다.

'PEST 분석'으로 거시적 환경을 고려하고, '3C 분석'으로 시장 내 미시적 요소를 파악함으로써 더욱 균형 잡힌 전략 수립이 가능합니다.

'4P 분석'은 미국의 경영학자 '제롬 맥카시(Jerome McCarthy)'가 1960년대에 제안한 마케팅 전략 수립 방법으로, 당시 기업들은 급변하는 소비자 시장과 경쟁 환경에서 살아남기 위해 체계적인 마케팅 전략이 필요했습니다. 이에 따라 맥카시는 기존의 제품 중심적 마케팅에서 벗어나, 소비자 요구를 고려하면서도 기업이 효과적으로 제품을 시장에 공급할 수 있도록 '제품(Product)', '가격(Price)', '유통(Place)', '홍보(Promotion)'의 네 가지 요소를 중심으로 한 마케팅 전략을 제안했습니다.

'제품'에서는 고객의 요구를 충족시키는 제품/서비스의 품질, 디자인, 기능 등을 결정합니다.

'가격' 전략은 제품이나 서비스의 고객 지불 가치를 반영하는 가격을 설정하며, 이는 수익성과 시장 경쟁력에 직접적인 영향을 미칩니다.

'유통' 전략 수립은 제품이나 서비스를 고객에게 전달하는 경로를 결정하며, 효율적인 유통망 구축이 중요합니다. 최근에는 온라인과 오프라인 유통망이 결합한 옴니채널 전략이 중요해지고 있으며, 온라인에서는 D2C 모델과 마켓플레이스를 활용한 접근 방식이 증가하고 있습니다. 반면, 오프라인 유통망은 체험형 매장과 팝업스토어 등 고객 경험을 극대화하는 방향으로 변화하고 있는 추세를 감안해 확보합니다.

'홍보' 전략은 판촉, PR 등 다양한 커뮤니케이션 수단 중에서 제공하고자 하는 고객 가치의 효과를 극대화하고 효율적으로 추진할수 있는 방안을 예산을 감안해 수립합니다.

'4P 분석'은 이 네 가지 요소를 최적화해 목표 시장에서 경쟁력을 강화하는 데 중점을 두며 구체적인 마케팅 활동을 계획하고 실행하는 데 유용한 지침을 제공합니다. 각 요소를 조정함으로써 시장 변화에 유연하게 대응할 수 있습니다.

하지만 기업 중심의 시각에 초점을 맞추다 보면 고객의 관점이 충분히 반영되지 않을 수 있으므로 이를 앞서 설명한 '3C 분석'을 활용해 보완하는 것이 효과적입니다.

결론적으로, '3C 분석'과 '4P 분석'은 신사업 아이디어의 비즈니스 모델을 구체화하는 데 필수적인 도구입니다. '3C 분석'으로 시장 환경과 자사의 위치를 정확히 파악하고, '4P 분석'으로 효과적인 마케팅 전략를 설계함으로써 신사업의 성공 가능성을 높일 수 있습니다. 그러나 각 프레임워크의 한계를 인지하고, 보완적인 방법론을 함께 활용하는 것이 좋습니다.

유사한 분석 방법으로는 기업의 내부 환경과 외부 환경을 '강점(Strengths)', '약점(Weaknesses)', '기회(Opportunities)', '위협(Threats)'의 네 가지 요소로, 평가하는 'SWOT 분석'과 '고객(Customer)', '비용(Cost)', '편의성(Convenience)', '커뮤니케이션(Communication)'의 네 가지 요소를 중심으로 전략을 수립하는 '4C 분석'이 있습니다.

전통적인 '4P 분석'은 제품이 중심이 되는 마케팅 전략에 초점을 맞추고 있어 서비스 산업의 특성을 충분히 반영하지 못하는 한계가 있었습니다. 이에 따라 '사람(People)', '프로세스(Process)', '물적 증거(Physical Evidence)'를 추가한 7P 분석이 서비스 산업에서는 더욱 세분된 전략을 수립하는 데 유용합니다.

'물적 증거'는 서비스의 품질을 나타내는 물리적 요소로, 고객이 서비스를 경험하면서 접하게 되는 환경, 시설, 장비 등을 포함합니다. 예를 들어, 호텔의 인테리어와 조명, 병원의 청결도와 대기 공간의 편의성, 레스토랑의 테이블 세팅과 음악 분위기 등이 물적 증거의 대표적인 사례입니다.

7

사업화 승인을 준비하기 위한 Check List

신사업 승인을 받기 위해 실무 담당자가 준비해야 할 핵심 항목은 다음과 같습니다.

1. 사업 목표

신사업의 출발점은 고객이 안고 있는 문제를 정의하는 것입니다. 기존 문제점을 해소해 주거나 새로운 고객 경험을 제공하는 아이디어는 시장 조사나 사전 테스트로 검증해야 합니다. 이를 바탕으로 SMART(Specific, Measurable, Achievable, Relevant, Time-Bound) 원칙 등을 참조해 목표를 설정하는데, 예를 들어 "3년 내 시장 점유율 5% 달성"처럼 정량적, 시한적 기준을 명시합니다. 또한 "1년 차 고객 유입 10만 명, 2년 차 매출 50억"과 같은 단계별 과정 지표를 설계해 단기 성과와 장기 목표의 연계성을 입증해야 합니다.

2. 시장 및 경쟁 분석

목표 시장의 규모는 시장 자료를 활용하거나, TAM/SAM/SOM으로 구분해 제시하며, 인구통계 변화나 기술 발전과 같은 트렌드를 반영한 성장 시나리오를 수립합니다. 경쟁 분석에서는 '3C 분석'과 'SWOT' 분석을 활용한 차별화 전략이 강조돼야 합니다. 예를 들어, 높은 기술 특허 보유율이나 경쟁사 대비 40% 빠른 유통망 같은 구체적 우위 요소를 제시합니다. 아울러 규제 완화나 자본 요구량 같은 진입 장벽을 평가해 실질적 실행 가능성을 검토해야 합니다.

3. 고객 가치 제안 명확화

고객이 제품을 선택해야 하는 이유를 "기존 대비 30% 비용 절감"처럼 숫자 기반의 명확한 가치 제안으로 전달할 필요가 있습니다. 수익 모델은 구독제나 프리미엄 정책 같은 경우 'LTV(고객 생애 가치)/CAC(고객 획득 비용)' 비율이 '3:1' 이상과 같은 기준으로 타당성을 제시해야 합니다. 기존 사업과의 시너지는 기존 제조 역량을 신제품 R&D에 활용하는 등 구체적 자원 공유 방안을 제시하며, 파트너십은 MOU 체결 현황과 향후 6개월 동안 구체적인 외부 파트너 협력 계획 등을 포함하길 추천합니다.

4. 재무적 타당성 및 투자비 회수 계획

초기 투자 자금은 연구개발, 마케팅 등 항목별 배분 근거를 명확히 제시해야 하며, 사업 개시 후 3년 이내에 영업이익 창출을 목표로 최악(Worst), 예상(Most-Likely), 최상(Best)의 세 가지 시나리오 기반 손익 시뮬레이션을 실시하는 것이 바람직합니다. 더불어, 매출액 목표 미달성 시 자본 잠식 발생 시점 예측과 같은 최악의 상황을 상정한 사전 시뮬레이션 또한 필수입니다. 자금 조달 계획은 기업 내부 유보 자금 활용 또는 외부 투자 유치 등 구체적인 자금 확보 방안을 수립해야합니다.

5. 주요 리스크 분석 및 대응 계획

리스크 분석 및 대응 계획 수립은 시장(수요 감소), 운영(공급망 문제), 규제(인가 지연) 등 다양한 유형으로 분류되며, 단계별로 1차(사전 예방), 2차(영향 완화), 3차(비상 대책)와 같은 단계별 대응 방안을 수립합니다. 더불어, 리스크 발생 시 커뮤니케이션은 소비자, 주요 협력 업체, 내부 보고 등 이해관계자 그룹별 맞춤형 메시지를 효과적으로 전달하는 데 중점을 둡니다.

6. 조직 역량 및 운영 계획

현재 역량과 목표 사이의 간극은 예를 들면, '인공지능 개발 인력 2명 부족'처럼 구체화해 진단하고, 외부 인력 채용 또는 협력사의 기술 지원 등으로 6개월 이내에 해결할 방안을 명확히 제시합니다. 또한, 기존 사내 공통 조직과의 협력 방안 및 요청 사항에 대한 사전 계획을 수립합니다.

7. 성공의 정의(성과지표 및 평가 기준)

핵심 성과 지표(KPI)는 예를 들어, 과정 지표인 월별 고객 유입률 증가(15% 이상), 제품 개발 주기 단축(6개월에서 4개월로) 등과 결과 지표인 3년 차 EBITDA 목표(30억 원), 고객 만족도 지수(NPS) 목표(80점 이상) 등으로 구분해 설정합니다. 분기별 성과 검토 시 목표 달성 수준을 분석해 추진 전략을 점검하며, 2개 분기 연속 매출액이 목표치의 50%에 미달하면 KPI의 지속 여부를 재검토하는 등 조기 종료 기준을 명확히 설정합니다.

8

성과 관리를 위한
사업 밸류 체인별 과정 지표

1. 마케팅/영업 관점의 과정 지표

리드 수(Leads)

'리드 수'는 기업의 제품이나 서비스에 관심을 보인 신규 잠재 고객(회원 가입, 문의, 다운로드 등)의 수를 의미하며, 이는 마케팅 활동(캠페인, 광고, 이벤트 등)을 통해 유입됩니다. 이는 웹사이트 분석 툴(예: Google Analytics 등)을 사용해 방문자 행동과 유입 경로를 분석하고, 마케팅 자동화 도구를 통해 캠페인 성과 및 전환율을 관리하며, CRM(고객 관계 관리) 시스템을 활용해 고객 정보를 통합하고 잠재 고객과 기존 고객의 상호작용을 추적합니다. 늘어난 '리드 수'는 앱이나 사이트 가입자 수를 높여 월간 활성 이용자 수(MAU) 상승에 기여하고, 실제 구매로 전환될 경우 구매 고객 수 확대로 이어져, 궁극적으로는 매출액과 시장 점유율을 높이는 기반이 됩니다.

리드 전환율(Lead Conversion Rate)

'리드 전환율'은 확보된 리드 중 실제 구매·계약·유료 전환에 이른 고객의 비율을 의미하며, 업종 및 마케팅 전략에 따라 차이가 발생합니다. [구매로 전환된 리드 수 / 전체 리드 수] × 100의 공식으로 측정합니다. 예를 들어, 한 달 동안 1,000명의 리드를 확보했고 이 중 50명이 실제 구매를 했다면, 리드 전환율은 [50 / 1,000] × 100 = 5%가 됩니다. 이 지표는 마케팅 효율성과 직결돼 결과적으로 구매 고객 수, 매출액, 시장 점유율, 그리고 영업이익률에 큰 영향을 미칩니다. 전환율을 개선에는 맞춤형 이메일 캠페인, 타겟팅 광고, 랜딩 페이지 최적화, A/B 테스트, 개인화된 고객 경험 제공 등이 효과적인 전략으로 활용될 수 있습니다.

고객 획득 비용(Customer Acquisition Cost, CAC)

'고객 획득 비용'은 신규 고객 한 명(또는 한 건)을 유치하는 데 소요된 마케팅, 영업 비용을 의미하며, 업종에 따라 크게 차이 날 수 있습니다. 특정 기간의 총마케팅·영업 비용을 동일 기간의 신규 고객 수로 나누어 산출하는데, 예를 들어 한 달 동안 마케팅과 영업 비용으로 100만 원을 지출했고, 그 기간 500명의 신규 고객을 유치했다면 CAC는 1,000,000원 ÷ 500 = 2,000원이 됩니다. 이 지표는 비용 효율성과 직결되기 때문에 영업이익률, 매출액, 시장 점유율 등 주요 결과 지표에 큰 영향을 미칩니다. '고객 획득 비용'을 낮추려면 유기적 트래픽을 증가시키는 콘텐츠 마케팅과, 기존 고객이 신규 고객을 추천하도록 유도하는 지인 추천 프로그램 권장, 타겟팅 정밀도를 높이는 데이터 기반 광고 최적화, 고객 유지율 향상을 위한 CRM 활용 등이 효과적인 전략이 될 수 있습니다.

마케팅 채널별 ROI(Return on Investment)

이 과정 지표는 검색 광고, SNS, 오프라인 등 각 채널에 투입된 비용 대비 발생한 매출 또는 유효 전환 가치를 의미하며, 여기서 '유효 전환 가치'는 단순 클릭이나 방문이 아니라 실제 구매, 회원가입, 구독 신청 등 비즈니스 목표에 직접적인 기여를 하는 전환을 기준으로 평가됩니다. 채널별 기여 매출 또는 이익을 채널별 투입 비용으로 나누어 산출합니다. 예를 들어, 특정 채널에서 100만 원을 투자해 500만 원의 매출이 발생했다면, 해당 채널의 기여 매출 대비 비용 비율은 500만 원 ÷ 100만 원 = 5배가 됩니다. 이 지표로 비용 대비 매출 창출 효율성을 파악할 수 있으며, 채널 최적화로 절감된 비용은 광고 타겟팅 개선, A/B 테스트, 캠페인 성과 분석 등으로 이어져 광고 효율을 높이고, 효과가 높은 채널에 집중적으로 투자함으로써 시장 점유율 확대에도 기여합니다.

객단가(Average Revenue Per User, ARPU)

'객단가'는 구매 고객 1인당 평균 구매액을 의미하며, 특정 기간 총매출액을 해당 기간 구매 고객 수로 나누어 산출합니다. 예를 들어, 한 달 동안의 총매출액이 1,000만 원이고 해당 기간 구매 고객 수가 500명이면, ARPU는 1,000만 원 ÷ 500명 = 2만 원이 됩니다. 이 지표는 매출액에 직접 영향을 미치고, 고객당 매출이 늘어날수록 영업이익률이 높아질 뿐만 아니라, 점진적으로 매출이 확대돼 시장 점유율 향상에도 기여합니다. '객단가'가 상승하면 동일한 고객 기반에서 더 높은 매출을 창출할 수 있어 마케팅 비용 대비 수익성이 증가하고, 이 수익은 신규 고객 확보에 더 많은 자원 투입으로 돌아갑니다. 또한, 프리미엄 서비스나 추가 제품을 제공함으로써 고객 충성도를 높이고, 경쟁사 대비 더 많은 가치를 제공해 시장 내 점유율을 확대할 수 있습니다.

2. 제품/서비스의 이용과 운영 관점의 과정 지표

아래 과정 지표들은 앱이나 웹사이트 기반의 서비스나 자사몰 등 실제 D2C 사업 모델의 경우에 더 밀접한 관련이 있는 지표들입니다.

신규 가입자 수(New Registrations)

'신규 가입자 수'는 일정 기간(예: 주, 월 등) 동안 플랫폼(앱/웹 서비스)에 새롭게 가입한 사용자 수를 의미하며, CRM 시스템을 활용해 각 채널에서 발생한 가입 데이터를 통합해 분석합니다. 이 지표는 MAU를 증대시키고, 활성 이용자 수가 증가할수록 서비스와의 상호작용 빈도가 늘어나며, 이를 통해 제품 및 서비스에 대한 관심이 높아집니다. 특히, 정기적으로 서비스를 이용하는 이용자는 향후 결제 가능성이 증가하고, 프로모션 및 마케팅 캠페인에 대한 반응률이 높아져 잠재적 구매 고객으로 전환될 가능성이 커집니다.

앱/웹 방문(세션) 빈도 및 체류 시간(Session Frequency & Dwell Time)

이 지표는 사용자의 방문 빈도와 체류 시간을 나타냅니다. 이를 측정하는 데는, 예를 들어 Google Analytics, Firebase 등 전문적인 솔루션을 사용할 수 있습니다. 이는 활성 이용자 기반의 MAU와 시장 점유율을 높이는 데 직접적으로 기여하며, 서비스 사용 빈도가 높아질수록 구매 가능성이 높아지고 매출액 증대에도 영향을 미칩니다.

DAU/WAU 지표(Daily/Weekly Active User)

'DAU/WAU'는 일간 혹은 주간 기준으로 서비스에 접속해 활동하는 사용자 수를 의미하며, 이를 플랫폼 로그 분석(예: AWS CloudWatch, Google Cloud Logging), 회원 DB 조회(SQL 쿼리 활용), 앱 분석 툴(예: Google Analytics, Firebase, Amplitude) 등을 활용해 측정합니다. 활동 빈도가 높을수록 구매 전환율이 상승할 가능성이 높아지므로, 이 지표는 MAU와 구매 고객 수 증가에 직접적인 영향을 미칩니다.

이탈률(Churn Rate)

'이탈률'은 기존 이용자 중 일정 기간 서비스 이용을 중단하거나 유료 사용을 중단한 이용자의 비율을 의미하며, [이탈 이용자 수 / 해당 기간 시작 시점의 활성 이용자 수] × 100으로 측정합니다. 이 지표가 높아지면 MAU와 구매 고객 수가 감소하므로, 이탈을 줄이고 이용자를 유지해야 지속적인 매출을 확보할 수 있습니다.

결제 전환율(Purchase Conversion Rate)

'결제 전환율'은 앱이나 웹에서 상품을 조회하거나 장바구니에 담은 사용자 중 실제 결제까지 이른 비율을 의미하며, [결제 완료 사용자 수 / 장바구니 담기 또는 구매 의향 이벤트 발생 사용자 수] × 100으로 산출합니다. 이 지표가 상승하면 매출액과 구매 고객 수가 동반 상승하며, 영업이익률에도 긍정적인 영향을 미칩니다.

3. 고객 경험 관점의 과정 지표

제품과 서비스 간의 본질적인 차별화가 쉽지 않은 시대에, 차별화된 고객 경험 제공은 신사업의 성공을 좌우하는 주요 요인 중 하나입니다. 고객 경험을 정량적인 지표로 점검할 수 있는 과정 지표에는 '고객 만족도', '재구매율', '반품률', '고객 서비스 응답 속도와 해결률' 등이 있습니다.

고객만족도(NPS, CSAT)
'고객 만족도'는 고객이 브랜드·제품·서비스에 대해 느끼는 정도와 추천 의향을 반영하며, 이는 '정기 설문(NPS)', '서비스 이용 직후 만족도 평가(CSAT)', 'SNS나 커뮤니티 모니터링' 등 다양한 방법을 활용해 측정합니다. '고객 만족도'가 높아지면 충성 고객을 유지하므로 MAU에 긍정적인 영향을 미치고, 재구매나 지인 추천으로 구매 고객 수가 늘어나며, 궁극적으로는 브랜드 평판이 향상돼 시장 점유율을 높이는 효과를 기대할 수 있습니다.

재구매율(Retention/Repeat Purchase Rate)
이 지표는 기존 구매 고객 중 다시 구매를 실행하는 고객 비율을 의미하며, [재구매 고객 수 / 이전 구매 고객 수] × 100의 공식을 통해 측정합니다. 이 지표가 높아질수록 마케팅 비용을 절감하면서도 안정적인 수익 창출이 가능해 매출액, 구매 고객 수, 영업이익률 모두에 긍정적인 영향을 미칩니다.

클레임/반품/환불률(Complaint/Return/Refund Rate)
'클레임/반품/환불률'은 구매 고객 중 클레임을 제기하거나 반품/환불이 발생하는 비율을 의미합니다. [클레임/반품/환불 건수]를 [해당 기간 전체 구매 건수]로 나눈 값에 100을 곱해 측정합니다. 이 지표가 높아지면 반품/환불 처리에 드는 물류비, 인건비, 리퍼비시 처리 비용 등 추가 비용이 증가하면서 순이익이 감소하고, 결과적으로 영업이익률이 하락하게 됩니다. 서비스 신뢰도가 하락하고 브랜드 평판이 악화되면 구매 고객 수가 감소하고, 결국 시장 점유율 하락으로 이어질 수 있습니다.

고객 서비스 응답 속도 및 해결률(Resolution Rate)

이 지표는 고객의 문의가 있을 때 응답까지 걸리는 평균 시간을 의미합니다. 또한, 문제 해결 완료 비율도 포함됩니다. 콜센터, 챗봇, 이메일 처리 이력뿐만 아니라, 고객 피드백 데이터, 소셜 미디어 문의 내역, 앱 내 고객 지원 기록 등의 CS 시스템 데이터를 분석해 측정합니다. 이 지표가 높아질수록 고객 만족도와 재구매율이 함께 상승하고, 서비스 충성도가 높아질수록 MAU가 증가하고, 구전 효과로 인해 시장 점유율 확대에도 기여합니다.

4. 신사업 운영 효율 관점의 과정 지표

아래 다음 지표는 신사업을 효율적으로 운영하는 요소인 고정비 절감, 원가 경쟁력 등의 수준을 점검할 수 있는 과정 지표입니다.

단위 원가(Unit Cost)

'단위 원가'는 한 개의 제품 또는 하나의 서비스 이용권을 생산, 제공하는 데 소요되는 직접 원가(재료비, 인건비 등)를 의미하며, 총생산 혹은 서비스 제공 비용을 총생산량(예: 제조업) 또는 서비스 제공 건수(예: IT 서비스)로 나누어 측정합니다. 이 지표가 낮아질수록 고정비 절감, 원재료 비용 절감 등으로 비용 구조가 개선돼 영업이익률이 상승합니다. 그래서 가격 전략을 유연하게 조정(예: 할인, 번들링, 차별적 가격 정책 등)할 수 있게 되고 매출액 증대와 가격 경쟁력을 통한 시장 점유율 확대에도 기여합니다.

재고 회전율(Inventory Turnover)

이 지표는 재고가 일정 기간 몇 번이나 순환(판매 후 재구매)되는지를 나타냅니다. 해당 기간의 매출원가를 평균 재고액으로 나누어 측정합니다. 이 지표가 높아지면 보관비, 감가상각비, 폐기 비용과 같은 불필요한 재고 비용이 줄어들어 영업이익률이 개선됩니다. 이 지표를 향상하려면 자동화된 재고 관리 시스템을 도입해 실시간 재고 추적과 수요 예측에 활용합니다. 이를 통해 판매 기회를 늘려 매출액 증대에도 기여합니다.

프로세스 자동화 비율(Automation Rate)

'프로세스 자동화 비율'은 주문 처리나 CS 응대 등 전체 업무 프로세스에서 자동화된 부분의 비중을 나타냅니다. 이는 업무 효율성을 평가하는 중요한 지표입니다. [자동화 프로세스로 처리되는 건수 혹은 시간]을 [전체 처리 건수 혹은 시간]으로 나누어 측정합니다. 이 지표가 높아질수록 반복적인 업무를 자동화해 인건비가 줄고, 업무 처리 속도가 높아져 시간 비용을 절감합니다. 이로써 영업이익률이 개선되고, 신속한 서비스 제공으로 시장 점유율은 확대되며, 더 나은 고객 응대와 서비스 품질로 고객 만족도가 높아지고, 이에 따라 재방문율과 서비스 이용 시간이 증가해 MAU 상승에도 기여합니다.

프로젝트 목표 달성률, 개발 리드 타임

이 지표는 계획된 프로젝트 주요 일정(개발, 릴리스, 업데이트 등)의 달성 여부와 해당 소요 시간을 의미합니다. 이는 프로젝트 관리 툴을 활용해 일정 추적과 달성 항목을 집계합니다. 이 지표가 높고 리드 타임이 짧을수록 신제품·기능을 빠르게 출시해 시장 점유율을 높일 수 있습니다. 새로운 기능을 빠르게 출시해 사용자 유입을 촉진하고, 개인화된 추천 시스템과 맞춤형 알림을 활용해 기존 사용자의 이탈을 방지함으로써 MAU를 유지·증대하며, 적시 출시로 수익 확보가 가능하므로 영업이익률이 증가합니다.

5. 시장과 경쟁 관점의 과정 지표

시장에서 자사의 위치와 자사 브랜드의 상황을 점검합니다. '유통 채널 커버리지'는 제품이 시장에 얼마나 널리 분포돼 있는지를 나타내며, '경쟁사 대비 점유율' 지표는 자사 제품의 시장 점유율을 비교 분석하는 데 사용됩니다. '브랜드 인지도'는 소비자가 브랜드를 얼마나 인식하고 있는지 측정하는 중요한 마케팅 지표입니다. 만약 제조업 기반 신사업의 목표 시장 구조가 Sell in / Sell Through / Sell out으로 이루어져 있으면 Sell out 상황을 기업이 파악하기는 쉽지 않습니다. 네트워크에 연결될 수 있는 기기라면, 약관 동의 절차를 통해 클라우드에서 Sell out된 정보를 수집할 수도 있습니다. 이 과정에서는 데이터의 보안 및 개인정보 보호 규정을 준수해야 하며, 법적 요건을 고려해 사용자 동의를 명확히 받아야 합니다.

유통 채널 커버리지(Channel Coverage)

이 지표는 제품이나 서비스가 노출/판매/이용할 수 있는 채널의 범위를 의미합니다. 온라인, 오프라인, 앱스토어 등의 확보 범위를 측정하는 데 활용됩니다. 입점 플랫폼, 앱스토어 수, 지역/국가별 커버리지를 집계해 측정하며, 파트너십 체결 수로는 새로운 유통 채널 확보 및 브랜드 확장을 평가합니다. 예를 들어, 대형 유통업체와의 협업이 증가하면 더 많은 소비자에게 제품을 노출할 수 있습니다. 이 지표가 넓어질수록 검색 노출 증가, 광고 노출 확대, 추천 알고리즘 반영 등의 효과로 접근성이 증대돼 MAU가 증가하고, 유통 경로가 다양해져 구매 고객 수가 늘어나, 궁극적으로 시장 점유율 확대에도 기여합니다.

경쟁사 대비 점유율(Competitive Positioning)

'경쟁사 대비 점유율'은 주요 경쟁사와 자사 간 시장 점유율, 매출, 일간 활성 이용자 수(DAU) 및 월간 활성 이용자 수(MAU) 등을 비교하는 지표로, 업계 리서치 보고서, 판매 데이터, 검색 트렌드, 투자자 공시 자료(상장사일 경우) 등을 통해 산출합니다.

예를 들어, 검색 트렌드는 구글 트렌드와 같은 도구를 활용해 특정 키워드의 검색량 변화를 분석하고, 판매 데이터는 POS(Point of Sale) 시스템이나 온라인 마켓플레이스의 거래 데이터로 수집합니다.

이 지표는 시장 점유율을 직접적으로 가늠할 수 있을 뿐만 아니라 매출액과 MAU에도 영향을 미칩니다. 예를 들어, 시장 점유율이 상승하면 더 많은 신규 사용자가 유입되며, 기존 사용자의 서비스 지속 이용률도 증가해 MAU가 자연스럽게 확대됩니다. 경쟁 서비스의 대체 가능성을 파악하고 사업 전략을 조정하는 데 유용합니다.

브랜드 인지도(Brand Awareness)

이 지표는 목표 고객층에서 브랜드를 인식하는 정도를 의미하며, 이는 설문조사, SNS 언급량, 검색량, 미디어 노출 지표 등을 활용해 측정합니다. 예를 들어, 설문조사는 소비자가 특정 브랜드를 얼마나 자주 기억하는지를 확인하는 데 사용되며, SNS 언급량은 브랜드에 대한 온라인 관심도를 반영합니다. 검색량은 브랜드에 대한 유입 관심도를 측정하고, 미디어 노출 지표는 광고 및 홍보 활동의 효과를 평가하는 데 활용됩니다.

이 지표가 높을수록 브랜드에 대한 신뢰와 인지도가 상승한다는 말이므로 소비자의 구매 결정에 긍정적인 영향을 미칩니다. 이는 반복 구매율을 증가시키고, 신규 고객 유입을 촉진해 시장 점유율과 구매 고객 수가 동시에 증가하는 결과를 가져옵니다. 고객 유입량이 늘어나 MAU 또한 확대됩니다.

9

신사업 사례 연구, 비즈니스 프레임워크 목록

58개 신사업 사례 연구

1. 신사업 개념과 유형

1) 「제너럴 일렉트릭」의 회사 분리
2) 1955년부터 2024년까지 「포천 500」의 생존 기업 수
3) 1965년부터 2020년까지 'S&P 500' 기업의 평균 존속 기간
4) 2024년 「공정거래위원회」 선정 국내 대기업 선정 기준
5) 「페이스북」의 「메타」 리브랜딩

2. 신사업 전략

6) 「애플」의 2006년부터 2024년까지 연도별 매출
7) 「워비 파커」의 온라인 D2C 사업 모델
8) 「룰루레몬」의 성공 사례
9) 「넷플릭스」의 오리지널 콘텐츠 성공 사례
10) 「페이스북」의 「인스타그램」 인수
11) 「디즈니」의 「픽사」 인수

12) 「구글」의 「유튜브」 인수

13) 「스타벅스」의 리테일 확장

14) 「현대자동차」그룹의 수직 계열화

15) 「LG생활건강」의 「한국 코카콜라 보틀링」 인수

16) 「나이키」의 자사몰 운영

17) 「베스트바이」의 긱스쿼드를 통한 고객 경험 강화

18) 「마이크로소프트」의 클라우드 기반 구독 모델 전환

19) 「아마존」의 'AWS' 클라우드 서비스 확장

20) 「레고」의 종합 엔터테인먼트 사업으로 확장

21) 「네이버」와 「넷플릭스」의 콘텐츠 협력

22) 「LG」 그룹의 자동차 배터리 사업 준비

23) 「NVIDIA」의 게임용 그래픽 카드에서 AI 플랫폼으로 확장

24) 「IonQ」의 양자 컴퓨터 상용화

25) 「아마존」의 '워킹 백워드'

26) 「마이크로소프트」의 '개러지'

27) 「카카오모빌리티」와 「LG U+」의 전기차 충전 조인트 벤처

28) 「화이자」와 「바이온텍」의 'mRNA' 코로나19 백신 공동 개발

29) 「크로거」와 「오카도」의 AI와 로봇 기반 물류 혁신 협력

30) 국내 대기업의 기업형 벤처 캐피털(CVC) 허용

31) 「마이크로소프트」의 「오픈AI」 전략적 투자

32) 「애플」의 「비츠 일렉트로닉스」 인수

33) 「테슬라」의 「솔라시티」 인수

34) 「SK」 그룹의 「하이닉스반도체」 인수

35) 「삼성전자」의 「하만」 인수

36) 「현대자동차」 그룹의 「보스턴 다이내믹스」 인수

37) 「두산인프라코어」의 「밥캣」 인수

38) 「네이버」의 「왓패드」 인수

3. 신사업 추진을 위한 사전 준비
39) 「아마존」의 '2피자 팀'

4. 신사업 실행
40) 「IBM」의 음성 인식 프리토타입(오즈의 마법사 프로젝트)

41) 「팜」의 목재 블럭 프리토타입

42) 「다이슨」 진공청소기 프로토타입

43) 「오큘러스」의 VR 헤드셋 프로토타입

6. 신사업 실패 사례 분석
44) 「애플」의 '비전 프로'

45) 국내 '탕후루' 체인점

46) 국내 '가상 인간 인플루언서'

47) 「코카콜라」의 '뉴 코크' 출시

48) 「롯데」 그룹의 '롯데온' 초기 시장 진입

49) 「세포라」의 국내 철수

50) 「고프로」의 드론 '카르마(Karma)' 사업 철수

51) 「삼성」 그룹의 '태양광' 신사업 철수

52) 「리서치 인 모션」의 '블랙베리' 실패

53) 「금호아시아나」의 「대우건설」 인수 실패

54) 「SK하이닉스」의 「인텔」의 낸드플래시 사업 인수

55) 「마텔」의 「러닝 컴퍼니」 인수 실패

56) 「위워크」 파산

57) 「테라노스」

58) 암호화폐 '루나' 사태

22개 신사업 비즈니스 프레임워크

1. 신사업 개념과 유형
1) '앤소프 매트릭스'
2) 「맥킨지」의 '7S' 프레임워크

2. 신사업 전략
3) '테오도르 레빗'의 '제품 수명 주기 활용'
4) 신사업 포트폴리오
5) Pure Play (핵심 사업 집중)
6) Bolt on (사업 강화를 위한 중소기업 M&A)
7) 디자인 씽킹
8) 애자일 소프트웨어 개발
9) 린 스타트업
10) 「구글」의 '스프린트' 프로세스
11) 「아마존」의 '워킹 백워드' 프로세스
12) 「마이크로소프트」의 '개러지' 프로그램

3. 신사업 추진을 위한 사전 준비
13) Sell-In / Sell-Through / Sell-Out
14) TAM / SAM / SOM
15) 고객의 이해 [요구, 선호, 욕망]
16) 세 가지 사업 역량 [실행 역량, 지원 역량, 핵심 역량]

4. 신사업 실행

17) 사업계획서
18) PoC (Proof of Concept)

부록

19) 신사업 점검 프로세스
20) 3C 분석
21) 4P 분석
22) 사업화 승인을 준비하기 위한 Check List

주

1. Magretta, Joan. "Why Business Models Matter." Harvard Business Review, https://hbr.org/2002/05/why-business-models-matter. Accessed 12 March 2025.
2. "132년 역사 GE의 쇠퇴와 잭 웰치 유산의 끝[딥다이브]." 동아일보, 6 April 2024, https://www.donga.com/news/article/all/20240405/124332324/1. Accessed 12 March 2025.
3. Fortune Korea. "[FORTUNE 500] 1955년에서 2024년까지 순위 변화 인사이트." 포춘코리아 디지털 뉴스, 2024, https://www.fortunekorea.co.kr/news/articleView.html?idxno=39677. Accessed 12 03 2025.
4. Clark, D. "Average company lifespan 2020." Statista, 12 August 2024, https://www.statista.com/statistics/1259275/average-company-lifespan/. Accessed 12 March 2025.
5. 공정거래위원회 기업집단감시국 기업집단관리과. "2024년도 공시대상기업집단 88개 지정." 경제정책편, 2024, https://eiec.kdi.re.kr/policy/materialView.do?num=251491. Accessed 12 03 2025.
6. Ansoff, H. Igor (SepOct 1957). "Strategies for Diversification", Harvard Business Review, Vol. 35 Issue 5, pp. 113-124
7. Levitt, Theodore. "Exploit the Product Life Cycle." Harvard Business Review, 1965, https://hbr.org/1965/11/exploit-the-product-life-cycle. Accessed 13 03 2025.
8. 비즈한국. 가격도 착하고 마음도 착한 안경 '워비파커', 27 7 2017, https://www.bizhankook.com/bk/article/13775.
9. Meta. "Facebook to Acquire Instagram." Meta Newsroom, 2012, https://about.fb.com/news/2012/04/facebook-to-acquire-instagram/. Accessed 13 03 2025.
10. "Disney To Acquire Pixar." TheWaltDisneyCompany, 2006, https://thewaltdisneycompany.com/disney-to-acquire-pixar/. Accessed 13 3 2025.
11. SEC. "Google To Acquire YouTube for $1.65 Billion in Stock." SEC, 2006, https://www.sec.gov/Archives/edgar/data/1288776/000119312506206884/dex991.htm. Accessed 13 3 2025.
12. 한경. LG생건, 한국코카콜라 3853억에 인수 완료, 25 10 2007, https://www.hankyung.com/article/2007102461181.
13. LX인터내셔널. "나이키 사례로 보는 언택트 시대 D2C전략." blog.lxinternational.com, 2021, https://blog.lxinternational.com/28026/. Accessed 13 03 2025.
14. BNBmagazine. "아마존 시대, 베스트 바이의 생존전략." BNBmagazine, 2019, https://www.bnbmag.com/아마존-시대-베스트-바이의-생존전략/. Accessed 13 3 2025.
15. 디지털데일리. "MS, '클라우드'로 예상치 뛰어넘는 분기 실적 달성." 디지털데일, 2019, https://www.ddaily.co.kr/page/view/2019071912103991338. Accessed 13 3 2025.
16. Naver. "11월부터 네이버플러스 멤버십에서 넷플릭스 볼 수 있다 … 네이버, 멤버십 혜택 외연 확장 지속." Naver Press, 2024, https://www.navercorp.com/media/pressReleasesDetail?seq=32061. Accessed 13 3 2015.
17. 서울경제. 가능성 믿고 투자한 배터리 30년뒤 LG그룹 핵심사업으로, 6 7 2023, https://www.sedaily.com/NewsView/29S0XCO2RD.
18. IONQ. "IonQ Commissions Ground-breaking Quantum System at the U.S. Air Force Research Lab." IONQ, 2025, https://ionq.com/news/ionq-commissions-ground-breaking-quantum-system-at-the-u-s-air-force. Accessed 13 3 2025.
19. Design Sprints. "Transform the way your team works." DesignSprints, https://designsprintkit.withgoogle.com/. Accessed 13 3 2025.
20. Amazon. "An insider look at Amazon's culture and processes." Amazon, 2021, https://www.aboutamazon.com/news/workplace/an-

insider-look-at-amazons-culture-and-processes. Accessed 13 3 2025.

21. Microsoft. "The Garage is a program that drives a culture of innovation." Microsoft, https://www.microsoft.com/en-us/garage/. Accessed 13 3 2025.

22. 연합뉴스. LGU+, 카카오모빌리티와 전기차 충전 동맹…시장 개척 나선다, 3 7 2023, https://www.yna.co.kr/view/AKR20230703012751017.

23. Pfizer. "Pfizer and BioNTech Announce Further Details on Collaboration to Accelerate Global COVID-19 Vaccine Development." Pfizer, 2020, https://www.pfizer.com/news/press-release/press-release-detail/pfizer-and-biontech-announce-further-details-collaboration. Accessed 13 3 2025.

24. ocado group. "Kroger rolls out new technology enhancements with Ocado Group." ocado group, 2024, https://www.ocadogroup.com/media/news/kroger-rolls-out-new-technology-enhancements-with-ocado-group. Accessed 13 3 2025.

25. 머니투데이. "지주사 규제 완화했더니"…7개 CVC, 2118억 신규 투자, 21 6 2023, https://news.mt.co.kr/mtview.php?no=2023062114161485711.

26. Microsoft. "OpenAI forms exclusive computing partnership with Microsoft to build new Azure AI supercomputing technologies." Microsoft, 2019, https://news.microsoft.com/2019/07/22/openai-forms-exclusive-computing-partnership-with-microsoft-to-build-new-azure-ai-supercomputing-technologies/. Accessed 13 3 2025.

27. Apple. "Apple to Acquire Beats Music & Beats Electronics." Apple, 2014, https://www.apple.com/newsroom/2014/05/28Apple-to-Acquire-Beats-Music-Beats-Electronics/. Accessed 13 3 2025.

28. TESLA. "SolarCity Corporation Transaction." tesla, 2016, https://ir.tesla.com/#other-documents-events. Accessed 13 3 2025.

29. "하이닉스반도체 지분인수계약." SKHynix Newsroom, 2011, https://news.skhynix.co.kr/presscenter/hynix-semiconductor-share-acquisition-contract. Accessed 13 3 2025.

30. 삼성전자. "삼성전자, 美 전장전문기업 하만(Harman) 인수." Samsung Newsroom, 2016, https://news.samsung.com/kr/삼성전자-美-전장전문기업-하만harman-인수. Accessed 13 3 2025.

31. HYUNDAI. "현대자동차 x 보스턴 다이내믹스: 미래 모빌리티를 향해." HYUNDAI, https://www.hyundai.com/worldwide/ko/brand-journal/mobility-solution/hyundai-boston-dynamics. Accessed 13 3 2025.

32. 밥캣. "밥캣 기업 변천사." Bobcat, https://www.bobcat.com/kr/ko/company/about/history/corporate-timeline. Accessed 13 3 2025.

33. "네이버, 왓패드 인수 절차 완료…글로벌 1위 네이버웹툰-왓패드 시너지로 성장 가속화." NAVER, 2021, https://www.navercorp.com/media/pressReleasesDetail?seq=30437. Accessed 13 3 2025.

34. aws. "Amazon의 2-피자 팀을 통해 혁신을 지원하고 속도를 개선." aws, https://aws.amazon.com/ko/executive-insights/content/amazon-two-pizza-team/. Accessed 13 3 2025.

35. SEQUOIA. "Writing a Business Plan." SEQUOIA, https://articles.sequoiacap.com/writing-a-business-plan. Accessed 13 3 2025.

36. 500. "This Pitch Deck Will Rock Your 500 Global Application." 500, 2019, https://500.co/content/this-pitch-deck-will-rock-your-500-global-application. Accessed 13 3 2025.

37. Forbes. "The Ultimate Pitch Deck to Raise Money for Startups." Forbes, 2014, https://www.forbes.com/sites/chancebarnett/2014/05/09/investor-pitch-deck-to-raise-money-for-startups/. Accessed 13 3 2025.

38. 미리캔버스. "사업계획서 무료 PPT 템플릿 모음." 미리캔버스 헬프센터, 2024, https://help.miricanvas.com/hc/ko/articles/360039489471-사업계획서-무료-PPT-템플릿-모음. Accessed 13 3 2025.

39. 독스헌트ai. "예시 샘플." 사업계획서 생성 예시, https://docshunt.co.kr/sample. Accessed 13 3 2025.

40. Pretotyping.org. "What is pretotyping?" Pretotyping.org, https://www.pretotyping.org/. Accessed 13 3 2025.

41. dyson. "Sir James Dyson biography." dyson, https://www.dyson.com/james-dyson. Accessed 13 3 2025.

42. Aeronautical Research : hearings before the United States House Committee on Science and Astronautics, Subcommittee on Advanced Research and Technology, Ninety-First Congress, first session. Washington, D.C. , USA: United States Senate, Ninetieth Congress, first session. 1969. p. 184. OCLC 853211504. December, 1, 2, 4, 811, 1969.

43. wadiz. "스타트업 성공 사례." wadiz, https://app.wadiz.kr/links/kaGkCPeln8. Accessed 13 3 2025.

44. 혁신의숲. "2023 혁신의숲 투자결산 리포트." 혁신의숲, 2024, https://www.innoforest.co.kr/report/NS00000245/2023-혁신의숲-투자결산-리포트. Accessed 16 3 2025.

45. 매일경제. "500만원짜리 헤드셋, 살 사람 있다"…사전 예약 시작한 비전프로, 한국선 통할까, 3 11 2024, https://www.mk.co.kr/news/business/11158523.

46. Counterpoint. "2023년 1분기 세계 XR 헤드셋 시장 전년 동기 대비 33% 감소, 퀘스트 신규 모델 출시 부재." Counterpoint, 2023, https://korea.counterpointresearch.com/2023년-1분기-세계-xr-헤드셋-시장-전년-동기-대비-33-감소-퀘/. Accessed 13 3 2025.

47. 동아일보. 그 많던 탕후루 가게 사라지는 이유, 9 6 2024, https://www.donga.com/news/Economy/article/all/20240609/125336533/1.

48. WOMAN DONGA. 그 많던 가상인간은 어디로 갔을까, 13 1 2025, https://woman.donga.com/issue/article/all/12/5389582/1.

49. 코카콜라. "1985년 뉴코-크 출시는 왜 실패했나." TheCocacolaCOMPANY, 2019, https://www.coca-cola.com/kr/ko/about-us/history/the-story-of-new-coke. Accessed 13 3 2025.

50. 이, 승은. "롯데쇼핑(023530) 한걸음씩 변화 중." 2023, https://ssl.pstatic.net/imgstock/upload/research/company/1691972194667.pdf. Accessed 13 3 2025.

51. COS'IN. 글로벌 화장품 편집숍 '세포라', 한국시장서 4년만에 철수, 20 2 2024, https://www.cosinkorea.com/news/article.html?no=51277.

52. TechCrunch. "GoPro CEO explains shutdown of company's Karma drone unit." TechCrunch, 2018, https://techcrunch.com/2018/01/09/gopro-ceo-explains-shutdown-of-drone-program/. Accessed 13 3 2025.

53. 매일경제. 삼성, 태양광사업 접는다, 5 10 2014, https://www.mk.co.kr/news/business/6334493.

54. ECONOMYChosun. 스마트폰 버리고 자동차용 소프트웨어 회사로 변신, 21 12 2020, https://economychosun.com/site/data/html_dir/2020/12/21/2020122100022.html.

55. 조선일보. [사설] 3년 만에 실패로 끝난 금호아시아나의 M&A 전략, 30 6 2009, https://www.chosun.com/site/data/html_dir/2009/06/29/2009062901965.html

56. B!zwatch. SK하이닉스, 인텔 낸드 인수 마무리…마지막 변수는?, 29 1 2025, https://news.bizwatch.co.kr/article/industry/2025/01/20/0031.

57. 한경. [글로벌 이슈 분석] '세계의 M&A' 실패에서 배운다, 15 10 2007, https://www.hankyung.com/article/2007101489061.

58. 한경. [특파원 칼럼] 위워크가 몰락한 진짜 이유, 13 11 2023, https://www.hankyung.com/article/2023111331571.

59. 조선일보. '피 한방울로 질병 진단' 테라노스 사기 홈스, 결국 철창행, 31 5 2023, https://biz.chosun.com/international/international_economy/2023/05/31/ETMZSG4C5VE4RKLBXDCHOK6OVU/.

60. 한경. 역대급 '코인 붕괴' 왜 발생했나…루나 사태 A to Z [긱스], 15 5 2023, https://www.hankyung.com/article/202205259979i.

61. Adobe, et al. "창의적인 문제 해결을 위한 디자인 씽킹." Adobe, https://www.adobe.com/kr/creativecloud/design/discover/design-

thinking.html. Accessed 13 3 2025.

62. DESIGN THINKING FOR LIBRARIES. "DESIGN THINKING ToolKit." DESIGN THINKING FOR LIBRARIES, https://designthinkingforlibraries.com/translations. Accessed 13 3 2025.